Anna Mancini

Uw Dromen Kunnen Uw Leven Redden

Hoe en waarom uw dromen u waarschuwen voor alle gevaren: aardbevingen, vloedgolven, tornado's, stormen, aardverschuivingen, vliegtuigongelukken, aanvallen, aanslagen, inbraken, enz.

Buenos Books America
www.buenosbooks.us

© Auteur : Anna Mancini - www.amancini.com
© Illustratie omslag : Cristiane Mancini _
Email: mancinicristiane@yahoo.com.br
© Vertaalster: Krista Roest_
Email : k.roest.hansma@gmail.com

ISBN gedrukte versie: 978-1-932848-64-9
Gepubliceerd door Buenos Books America,
http://www.buenosbooks.us
order@buenosbooks.us

INHOUDSOPGAVE

INLEIDING 5

HOOFDSTUK 1: OVER DIEREN DIE VOOR NATUURRAMPEN VLUCHTEN 11

HOOFDSTUK 2: HISTORISCHE VOORBEELDEN VAN PERSONEN DIE DE CAPACITEIT HEBBEN BEHOUDEN IN HET AANVOELEN VAN GEVAREN in HUN OMGEVING 15

HOOFDSTUK 3: DE MISLUKKIG VAN DE BUREAUS VOOR REGISTRATIE VAN DROMEN OVER RAMPEN EN DE REDENEN 23

HOOFDSTUK 4: HET FUNCTIONEREN VAN HET MENSELIJK LICHAAM OP HET RAAKVLAK VAN DROOM EN WERKELIJKHEID 27

HOOFDSTUK 5: HOE U UW WAARNEMINGEN KUNT ONTWIKKELEN MET GEBRUIK VAN UW DROMEN ... 31

HOOFDSTUK 6: WAT ROEPT DROMEN MET VALS ALARM OVER NATUURRAMPEN OP? 51
   1) Nachtmerries met vals alarm over rampen, veroorzaakt door het lichaam 54
   2) Nachtmerries over natuurrampen opgewekt door de geest 66
   3) Nachtmerries met vals alarm over natuurrampen verbonden met energetische verstoringen in de omgeving van de slaper: 70
   4) Posttraumatische nachtmerries en nachtmerries over transgenerationele trauma's: 83

CONCLUSIE **91**

ANTWOORDEN OP VEELGESTELDE VRAGEN **97**
   1: Waarom droom ik niet? 97
   2: Hoe kan ik mijn dromen interpreteren? 102
   3. Kan met tijdens de dromen informatie opvangen afkomstig van plaatsen of personen ver weg? 109

Bibliografie **113**

OVER DE AUTEUR VAN DIT BOEK **119**

OVER DE ILLUSTRATRICE VAN DE OMSLAG **122**

OVER DE VERTAALSTER **123**

INLEIDING

De afgelopen jaren maken we over de hele wereld een versnelling mee van het ritme van natuurrampen. Ondanks onze geavanceerde technologieën zijn de overheden niet altijd in staat om de bevolking op tijd te waarschuwen. Daardoor moet de mensheid nog steeds een zware tol aan de Natuur betalen in de vorm van mensenlevens en materiële schade.

Toch zou deze situatie eenvoudig kunnen worden verbeterd. Talrijke levens zouden kunnen worden gered en aanzienlijke schades vermeden indien iedereen zou leren om beter te luisteren naar de berichten die het lichaam – dat continu in verbinding staat met de natuur – aan hem overdraagt via dromen. Er bestaat inderdaad geen effectiever instrument dan het levende (bijvoorbeeld het lichaam van een persoon of een dier) om de voortekenen van natuurrampen op te merken en het mogelijk te maken te vluchten voordat het te laat is. Dit vermogen van het lichaam van mensen en dieren om veranderingen in de omgeving op te merken, maakt deel uit van het overlevingsinstinct.

De Aarde is, net als wijzelf, niet alleen materie, zij is ook energie en haar schijnbaar onverwachte veranderingen van materie die ons soms overvallen, worden in werkelijkheid ver voor de materiële losbarsting van de natuurelementen voorafgegaan door energetische en trillende veranderingen van de aarde maar ook van de kosmos. Het zijn die veranderingen die het menselijk lichaam vandaag nog steeds kan opvangen zonder dat wij ons daar van bewust zijn en het is ook dit natuurlijke fenomeen dat het mogelijk maakt dat dieren tijdens natuurlijke rampen makkelijker aan de dood kunnen ontsnappen dan de meerderheid van de mensen die hun intuïtie verloren hebben, zij kunnen niet meer communiceren met hun lichaam en besteden geen aandacht aan hun dromen.

Ons lichaam is bijzonder gevoelig voor de kleinste veranderingen in onze omgeving. Het heeft ook een krachtig overlevingsinstinct die het alert maakt zodra het een gevaar voelt en het laat alarmbellen rinkelen via dromen of intuïtie. Het heeft een opmerkelijke gevoeligheid voor energetische veranderingen en andere vooraankondigingen van natuurrampen. Een aandachtige observatie van de verbindingen tussen dromen en realiteit over een langere periode, onderstreept het feit dat het ook heel gevoelig is voor de gedachten en emoties van andere mensen. Die hebben eigenlijk ook een energetische dimensie, soms zelfs duidelijk merkbaar door sommige mensen zelfs als zij wakker zijn.

Mijn jaren van onderzoek buiten de gebaande paden van de samenhang tussen dromen, werkelijkheid en omgeving van mensen, hebben mij in staat gesteld om te begrijpen hoe het menselijk lichaam in zijn geheel grote hoeveelheden informatie opvangt afkomstig van zijn omgeving, en hoe die informatie die niet meer te voorschijn komt in het bewustzijn van de moderne mens in wakende toestand, toch worden overgebracht naar zijn hersenen door middel van dromen. Dankzij mijn onderzoek heb ik een methode kunnen ontwikkelen die tegelijk origineel en heel eenvoudig is, en die het mogelijk maakt voor bijna iedereen om het vermogen van dromen te gebruiken om vele aspecten van het wakende leven te verbeteren. Onder andere het feit meer bekwaam te zijn om de gevaren op te merken die ons bedreigen, of ie nu van natuurlijke of technologische aard [i] zijn.

Mijn manier om de mogelijkheid tot dromen te gebruiken, is anders dan alles wat momenteel bestaat in de literatuur over dromen, of die nu wetenschappelijk, psychoanalytisch of sjamanistisch, etc. is. Zij is pragmatisch, gebaseerd op meer dan twintig jaar objectieve observaties en iedereen kan haar beoefenen door elke ochtend een beetje tijd te reserveren en door enkele elementaire regels van lichamelijke en psychologische hygiëne toe te passen.

Als u dit boek leest, zou u wellicht kunnen leren uw vermogen te ontwikkelen om gevaren van allerlei soort die u bedreigen, op te sporen, zodat u die kunt vermijden, en zelfs, onder sommige omstandigheden, geheel zelfstandig uw leven en dat van uw naasten te redden.

U zult bijvoorbeeld zelfs beter:

een dodelijk ongeluk kunnen voorkomen door te vluchten voor de losbarsting van een natuurramp: aardbeving, vulkaanuitbarsting, aardverschuiving, stortregen, storm, overstroming, lawine;

plannen van aanvallers, terroristen, dieven of inbrekers kunnen laten mislukken;

kunnen weten, alvorens op reis te gaan met bijvoorbeeld het vliegtuig, of u gezond en wel op uw bestemming zult aankomen;

nog veel meer valkuilen en gevaren voelen aankomen.

Door de voor iedereen toegankelijke techniek te gebruiken, die ik in dit boek uitleg, kunt u leren belangrijke informatie te "herwinnen" die tot uw beschikking staan terwijl u in dromenland bent. De getalenteerden onder u, zullen ook een grotere gevoeligheid kunnen ontwikkelen en een grotere intuïtie rechtstreeks in wakende toestand, die u in staat zal stellen nog effectiever de reageren op de gevaren in uw omgeving.

Voordat ik u uitleg hoe u uw dromen kunt gebruiken om u te beschermen tegen gevaren in uw omgeving, wil ik het in het eerste hoofdstuk hebben over dieren die een bewuste gevoeligheid hebben weten te behouden voor hun omgeving. Dankzij deze lichamelijke en psychische gevoeligheid direct in wakende toestand zijn de dieren in staat te vluchten, soms ver voor de losbarsting van rampen, terwijl de mensen, door diezelfde omstandigheden overvallen, hun leven verliezen.

In het tweede hoofdstuk wil ik het hebben over enkele, soms beroemde mensen die, in het verleden, op een natuurlijke manier hebben kunnen profiteren van hun dromen die hen hebben gewaarschuwd voor gevaren, echter zonder er altijd van te profiteren door er aan te ontsnappen. In het derde hoofdstuk leg ik een methode uit die u in staat zal stellen om gemakkelijk, zonder gevaren en in alle zelfstandigheid uw vermogens tot dromen en intuïtie te ontwikkelen.

Tenslotte zal ik het hebben over dromen met vals alarm, oftewel nachtmerries en hun oorzaken. Ik zal uitleggen hoe en waarom sommige nachtmerries optreden en hoe die zijn te voorkomen.

HOOFDSTUK 1: OVER DIEREN DIE VOOR NATUURRAMPEN VLUCHTEN

Terwijl de mensen rustig doorgaan met hun bezigheden, zich tot op het laatste moment nergens van bewust, is het vele keren aanschouwd dat de wilde dieren vluchten om beschutting te zoeken voor de losbarsting van natuurrampen, terwijl huisdieren zich abnormaal gedragen en ook vluchten zodra men hen in de gelegenheid stelt.

Bijvoorbeeld na de aardbeving in China bij Tangshan op 28 juli 1976, die 240 000 mensen het leven heeft gekost, hebben de overlevenden bevestigd dat zij, enige tijd voor de losbarsting van de aardbeving, ongewoon gedrag van huisdieren en wilde dieren hadden opgemerkt: honden die huilden, onrust onder slangen en muizen, abnormaal gedrag van koeien en paarden, etc. Zij hebben uit deze ervaring een les geleerd en aangeraden om aandacht te besteden aan abnormaal gedrag van dieren.

Helaas, later, nog altijd in China, ging de bevolking van Sichuan rustig door met haar bezigheden, enkele dagen voorafgaand aan het losbarsten van een aardbeving, ondanks wegen die overspoeld waren door duizenden vluchtende amfibieën, zonder de tegenwoordigheid van geest te hebben om er vandoor te gaan, zoals de kikkers en padden, zo ver mogelijk van die plaatsen van de aardbeving van 12 mei 2008, die meer dan 80 000 mensenlevens heeft gekost. Deze uittocht van amfibieën was zo spectaculair dat foto's ervan op internet waren gezet. Op sommige daarvan zijn personen te zien die nu waarschijnlijk niet meer leven, rustig fietsend op wegen die overspoeld zijn door duizenden kikkers[ii]. Dit fenomeen waarbij amfibieën betrokken waren, is ook gezien in Italië tijdens een aardbeving die Rome overviel op 6 april 2009[iii] en in talrijke andere situaties waarvan het heel eenvoudig is om getuigenissen te vinden op internet[iv].

Andere dieren hebben ook hun capaciteit laten zien gevaar aan te voelen komen. Bijvoorbeeld, op Sri Lanka, na de verschrikkelijke tsunami die het nationale park van Yala heeft verwoest op 26 december 2004, was geen enkele olifant gedood. Deze tsunami had meer dan 300 000 doden of vermisten gemaakt in Thailand, in Zuid-India, op de Maladiven, de Seychellen, Mauritius, Madagascar en aan de oostkusten van Afrika, en toch hebben de Srilankese autoriteiten bevestigd dat ze geen dode olifanten hadden gevonden. Deze dieren evenals andere wilde dieren van het park hadden beschutting gezocht voor de ontketening van de elementen[v].

Op Martinique heeft de uitbarsting van de Berg Pelée in 1902 het leven gekost aan 30 000 inwoners van Saint-Pierre, maar de wilde dieren, die de uitbarsting hadden aangevoeld, waren gevlucht en hadden zich het leven gered.

Het kan niet anders dan dat deze enkele voorbeelden gekozen uit vele anderen, ons verbijsteren:

door het feit dat de dieren deze natuurlijke, zeer praktische gave hebben behouden om bewust gevaar te voorvoelen, en dit soms dagen voor de losbarsting van de elementen.

en door het feit dat, onder dezelfde omstandigheden, bijna alle mensen niets hebben voelen aankomen.

We zouden de neiging kunnen hebben met vele andere onderzoekers te concluderen dat de dieren gaven hebben die duidelijk superieur zijn aan die van de mensen op het gebied van de opsporing van gevaren in hun omgeving, maar toch, zoals we zullen zien, is daar niets van waar. Het is zelfs zo dat als de mens de moeite zou nemen om zijn natuurlijke capaciteiten te gebruiken, hij alle dieren op de planeet ver zou overtreffen.

Door meer dan twintig jaar de verbindingen tussen dromen en werkelijkheid van talrijke personen te observeren heb ik kunnen constateren dat de mensen nog veel verder ontwikkelde capaciteiten hebben dan die van de dieren om zich te behoeden voor allerlei soorten gevaren; en niet alleen gevaren van de natuur.

Maar ik ben niet de enige, verre van dat, die heeft geconstateerd dat de mens in staat is gevaren in zijn omgeving op te sporen op een veel nauwkeuriger manier dan de dieren. Er bestaan talrijke historische getuigenissen uit alle eeuwen die vertellen over zulke capaciteiten. Enkele van deze getuigenissen betreffen vaak personen die, gewaarschuwd voor gevaren dankzij dromen, er wel of niet aan hebben kunnen ontsnappen in de werkelijkheid, al naar gelang de beslissing die zij hebben genomen als gevolg van hun waarschuwingsdroom. Andere getuigenissen betreffen personen die de capaciteit hebben gehad rechtstreeks in wakende toestand verstoringen van de natuur aan te voelen. Ik zal nu in het volgende hoofdstuk spreken over een paar van de meest frappante voorbeelden, gekozen uit een groot aantal andere.

HOOFDSTUK 2: HISTORISCHE VOORBEELDEN VAN PERSONEN DIE DE CAPACITEIT HEBBEN BEHOUDEN IN HET AANVOELEN VAN GEVAREN in HUN OMGEVING

Er zijn altijd mensen geweest die in staat waren gevaren in hun omgeving te voorvoelen, ofwel rechtstreeks in wakende toestand, ofwel in hun slaap. Goethe was in staat aardbevingen aan te voelen die op grote afstand plaatsvonden, terwijl de beruchte Adolph Hitler dankzij een droom zich het leven gered heeft.

Johann Peter Eckermann die de secretaris was van Goethe tijdens de negen laatste jaren van diens leven, heeft in 1838 een werk geschreven met de titel *Gesprekken met Goethe*[vi]. In dat boek getuigt Eckermann van het feit dat Goethe in staat was in wakende toestand aardbevingen aan te voelen die op grote afstand van de plaats waar hij zich bevond plaatsvonden[vii].

In de nacht van november 1917, tijdens de Frans-Duitse strijd bij de Somme, schrok Hitler, die toen nog een jonge korporaal was, wakker uit een afschuwelijke nachtmerrie. Hij droomde dat hij zichzelf stervend zag, bedekt met brokstukken van een flatgebouw. Om zijn angst te kalmeren, ging hij uit het gebouw waarin hij met zijn regimentskameraden lag te slapen, om een frisse neus te halen, terwijl hij tegen zichzelf zei dat het gelukkig maar een nachtmerrie was. Toch viel enkele ogenblikken later een bom op het gebouw waaruit hij zojuist naar buiten was gegaan, en doodde de andere soldaten die daar sliepen[viii].

In het geval van Adolph Hitler, gezien het personage, zou het me zeer verbazen dat hij onder deze omstandigheden zou hebben geprofiteerd van een goddelijke interventie om zijn leven te redden. Hij heeft gewoonweg dankzij zijn onderbewustzijn op natuurlijke manier een gevaar opgevangen dat hem bedreigde. Hij was duidelijk gevoeliger dan al zijn ongelukkige regimentskameraden en had een betere communicatie met zijn onderbewuste en zijn lichaam en een beter overlevingsinstinct. Ik wil hier aan toevoegen dat het vaak gebeurd dat mensen die normaal heel rationeel zijn, die weinig dromen en geen enkele aandacht besteden aan hun dromen, plotseling in bijgeloof vervallen of in het geloof van een goddelijke interventie als zij van een gevaar gered zijn dankzij een droom die zo natuurlijk is als maar kan. Hoewel men in sommige gevallen de mogelijkheid van een bovennatuurlijke interventie niet geheel kan uitsluiten, zijn dromen over een dreigend gevaar een natuurlijk fenomeen, geheel verklaarbaar en verbonden met onze onderbewuste gave gevaren in onze omgeving aan te voelen met als doel ons leven te behouden.

Verder terug in de geschiedenis vinden we in de Romeinse tijd een getuigenis van een droom die waarschuwt voor gevaar van Calpurnia, de vrouw van Julius Caesar. Calpurnia was de laatste vrouw van Julius Caesar tot aan zijn dood in 44 voor Christus. Op een nacht droomde ze dan men haar man vermoordde in het Senaat en zij waarschuwde hem, en smeekte hem om zich te beschermen. Caesar luisterde niet naar haar, hij ging gewoon naar de Senaat waar hij daadwerkelijk werd vermoord[ix].

Met dit voorbeeld zien we dat Caesar, die direct betrokken was bij het gevaar, zelf niets gedroomd had en dat hij geen belang leek toe te kennen aan de dromen tenminste aan die van zijn echtgenote. Welnu, als men samenleeft als stel of als gezin, is het gangbaar dat de een dromen heeft die informatie bevat voor andere leden van de familie. Ik zal later terugkomen op dit natuurlijke fenomeen en de redenen waarom deze zich voordoet. Voor nu zal ik een ander historisch voorbeeld citeren, die van een oud-president van de Verenigde Staten.

In de Verenigde Staten, 12 dagen voor zijn aanslag, had president Abraham Lincoln een droom die hem dusdanig had aangegrepen, dat hij de behoefte voelde er over te praten met zijn naasten. Onder hen bevond zich Ward Hill Lamon die er in deze woorden over verhaalde in een werk getiteld *Recollections of Abraham*

Lincoln 1847-1865, de droom die Abraham Lincoln hem toen verteld heeft[x]:

Ongeveer tien dagen geleden had ik me zeer laat teruggetrokken. Ik was wakker gebleven om op belangrijke telegrammen van het front te wachten. Ik had niet lang nodig om in slaap te vallen, want ik was moe. Ik begon al snel te dromen. Om mij heen leek een doodse stilte te heersen. Vervolgens hoorde ik gesmoorde snikken, alsof een aantal mensen aan het huilen waren. Ik dacht dat ik uit mijn bed was gegaan en ik ging naar beneden. Daar werd de stilte verbroken door hetzelfde erbarmelijke snikken, maar de mensen die huilden waren niet te zien. Ik ben van vertrek naar vertrek gegaan; ik zag geen enkel levend wezen, maar er waren nog altijd dezelfde tranen van verdriet terwijl ik verder ging. Ik zag licht in alle vertrekken; ieder voorwerp was mij vertrouwd, maar waar waren de mensen die huilden alsof hun hart brak? Ik was perplex en bang. Wat betekende dit alles? Vastbesloten om de oorzaak te vinden van zulke mysterieuze en choquerende zaken, ging ik verder tot aan de East Room waar ik naar binnen ging. Daar werd ik geconfronteerd met een misselijkmakende verrassing. Voor mij was een katafalk waarop een lichaam lag gekleed in begrafeniskleding. Rondom het lichaam waren soldaten neergezet die de wacht hielden; en er was een menigte mensen van wie de gezichten bedekt waren die op klaaglijke wijze naar het lichaam keken, anderen huilden beklagenswaardig. "Wie is er dood in het Witte Huis?" heb ik aan een van de soldaten gevraagd. "De President" heeft hij geantwoord; "Hij is gedood door een moordenaar." Toen klonk er een luidruchtige uitbarsting van verdriet uit de menigte, die me wakker maakte. Ik sliep niet meer die nacht; en zelfs al was het maar een droom, ik voel me sindsdien helemaal van slag."

Drie dagen later, toen hij naar het theater was met zijn echtgenote, werd Abraham Lincoln vermoord in zijn presidentiële loge door een acteur en politieke tegenstander.

De schipbreuk van de Titanic op 14 april 1912 was – volgens het onderzoek geleid door Ian Stevenson – gezien in dromen voordat het gebeurde door enkele reizigers die daarom hun reis annuleerden[xi].

Op 21 oktober 1966 in Aberfan, een klein mijnwerkersdorpje in Engeland werd een school bedolven onder een lawine van 500 ton mijnbrokstukken waarbij 144 doden vielen, voornamelijk kinderen. Onder hen bevond zich Eryl Mai Jones van tien jaar die twee weken eerder over deze gebeurtenis gedroomd had. Ze had tegen haar moeder gezegd dat ze niet bang was te sterven, want ze zou sterven in het gezelschap van haar klasgenoten Peter en June. De ochtend van 20 oktober, sprak ze met haar moeder over een droom die ze net had gehad in deze woorden: "Mama, ik wil met je praten over een droom die ik vannacht had. Ik heb gedroomd dat ik naar school ging en dat er geen school meer was. Iets zwarts had hem bedekt[xii]."

Als dit kind mijn dochter was geweest, zou ik vanaf haar eerste droom hebben geprobeerd er meer over te weten te komen, ik zou een onderzoek gedaan hebben naar de dromen van de andere kinderen van haar school en ik zou zeer zeker zelf gedroomd hebben over de gebeurtenis die zou komen en geprobeerd hebben iets te doen om het leven van al die kinderen te redden.

Door deze paar voorbeelden is het makkelijk te begrijpen dat sommige mensen nog meer begiftigd zijn dan de dieren om dankzij hun dromen de risico's in hun omgeving op te merken, of die nu natuurlijk zijn of niet. Je zou je logischerwijze af kunnen vragen, maar waarom creëren de machthebbers wereldwijd niet een organisatie die dromen over rampen registreert om daarmee de bevolking te helpen?

Zoals we zullen zien, zijn zulke organisatie daadwerkelijk opgericht, maar die initiatieven zijn uitgelopen op en mislukking waarvan wij de redenen zullen uitleggen in het licht van onze eigen onderzoeken naar de verbindingen tussen de droom, het wakende leven en de fysieke en energetische omgeving van de dromers.

HOOFDSTUK 3: DE MISLUKKIG VAN DE BUREAUS VOOR REGISTRATIE VAN DROMEN OVER RAMPEN EN DE REDENEN

Een Engelse psychiater, dr. Barker was zodanig onder de indruk van de gebeurtenissen van Aberfan dat hij in januari 1967 besloot het *British Premonition Bureau* op te richten. Hij dacht dat dankzij dit bureau het mogelijk zou zijn om bevolkingen te waarschuwen en levens te redden. Een jaar later, in dezelfde lijn, richtten de Amerikanen op hun beurt het *Central Premonition Bureau* op. Er werd ook een bureau opgericht in België.

Helaas weten we door de pers van die tijd dat de Engelse en Amerikaanse ervaringen niet afdoende waren. De bureaus ontvingen aan de ene kant talrijke dromen over rampen die nooit plaatsvonden en die uiteindelijk niet meer dan "valse alarmen" waren. Aan de andere kant registreerden ze slechts een heel klein aantal dromen die werkelijk voorspellend bleken te zijn.

Door gebrek aan effectiviteit besloten de twee bureaus te stoppen met hun activiteiten. Toch zou het mogelijk zijn geweest de doelen te bereiken waarvoor ze waren opgericht als ze hun manier van werken veranderd hadden.

Het feit dat deze bureaus voornamelijk valse alarmen hadden ontvangen is niet verbazingwekkend, aangezien iedereen zijn dromen kon opsturen, of hij nu wel of niet bekend was op het gebied van dromen, en of hij zich wel of niet persoonlijk verdiept had in de betekenis van zijn dromen, of liever van zijn nachtmerries! Welnu, om te weten of een droom daadwerkelijk een alarm bevat, kan men zich niet beperken tot het kennisnemen van een droombeschrijving en die te registreren. Er is daarnaast ook veel aanvullende informatie nodig over het dagelijks leven van de dromer die zijn droom heeft opgestuurd, over zijn fysieke en psychologische gezondheidstoestand, over zijn activiteiten van de dag of dagen voorafgaand aan zijn droom, over het eten en drinken dat hij genuttigd heeft, over wat hij heeft gezien op televisie of in de bioscoop, over de plek waar hij geslapen heeft en eventueel over de persoon of personen bij wie hij geslapen heeft, over zijn toestand van rust of stress en overige informatie waarover ik het later zal hebben wanneer ik voorbeelden geef van dromen met vals alarm en hun oorzaken in verband met de manier van leven van de dromers.

Al deze informatie is vanzelfsprekend heel persoonlijk en geen enkele bevolking in zijn geheel zou, zelfs voor het goede doel, willen dat een pubieke (of niet) organisatie zich zo ver zou kunnen mengen in zijn persoonlijk leven. Dus wat te doen?

Over het algemeen zou het verstandiger zijn dat iedereen leert gebruik te maken van zijn dromen in alle zelfstandigheid en dat daarnaast een of meerdere organisaties voor "onirische waakzaamheid van rampen" zou worden opgericht die competente en opgeleide dromers aan zich bindt. Idealiter zou iedereen moeten leren om nuttige informatie uit zijn dromen te halen en om beter te dromen. We zouden allen ons "onirische gebied" perfect kennen om onderscheid te kunnen maken tussen werkelijke waarschuwingsdromen en eenvoudige nachtmerries.

Als publieke organisaties met zeer bekwame personen op dit gebied, overal in de wereld zouden kunnen worden opgericht en met elkaar samenwerken, zou dat formidabel zijn. Maar de beste manier om zichzelf te beschermen tegen gevaren (en ook om zijn naasten te kunnen waarschuwen) bestaat uit het zich persoonlijk te ontwikkelen. Vooral omdat dit voor vrijwel iedereen toegankelijk is door middel van een jaar lang iedere ochtend een beetje persoonlijk werk en een goede levenshygiëne. Door onze eigen capaciteit te ontwikkelen om gevaren op te merken, beschermen wij ons ook voor de angst die regelmatig wordt opgeroepen door mensen die – te goeder of te slechter trouw –

verschrikkelijke natuurrampen, en zelfs het einde van de wereld aankondigen!

Dit persoonlijke werk bestaat uit het op een bepaalde manier observeren van dromen en werkelijkheid en uit het doen van enkele kleine proefjes om beter te begrijpen hoe het lichaam zijn informatie communiceert naar de hersenen en vice versa.

Door het bijhouden van notities over droom en werkelijkheid op de manier zoals die verderop beschreven is, zult u begrijpen hoe uw lichaam werkt op het gebied van informatieoverdracht. Dankzij dit begrip kunt u profiteren van uw dromen door op tijd, soms zelfs ver van te voren, te worden gewaarschuwd voor gevaren die u bedreigen.

In het volgende hoofdstuk zal ik uitleggen hoe het lichaam functioneert op het raakvlak van het zichtbare en het onzichtbare en hoe het mogelijk is te profiteren van deze gave om meer informatie "terug te winnen" die uw overlevingskansen vergroot in een omgeving (natuurlijk, technologisch of menselijk) die vijandig aan het worden is.

HOOFDSTUK 4: HET FUNCTIONEREN VAN HET MENSELIJK LICHAAM OP HET RAAKVLAK VAN DROOM EN WERKELIJKHEID

Wat ik hier ga uitleggen komt voort uit mijn persoonlijke onderzoek gedurende een zeer lange periode. Ik hoop dat het u zal helpen te begrijpen hoe uw lichaam werkt op het raakvlak van droom en werkelijkheid, van het zichtbare en het onzichtbare en om te leren beter te profiteren van dit fenomeen. Hoewel wij in de westerse wereld voornamelijk geïnteresseerd zijn in het materiële aspect van het bestaan, is ons lichaam nog altijd zowel materieel als immaterieel. Met andere woorden, wij hebben allen een dimensie die gelijktijdig lichamelijk/materieel als energetisch/informatieverstrekkend is. Als informatieveld is ons lichaam tegelijk zender, ontvanger en omzetter van informatie/energie.

Het merendeel van de lichamelijke activiteiten van het informatieve soort worden vaak verricht zonder dat ons verstand zich daar van bewust is. Dankzij zijn gevoeligheid voor energie, vibraties en informatie nauw verbonden met zijn omgeving nabij of ver af, is het lichaam veel beter in staat dan het verstand om de veranderingen in zijn omgeving op te merken en om informatie, energie, emoties of gedachten op te vangen van andere levende wezens.

In zijn informatieve dimensie is ieder levend wezen omgeven door een bubbel van energie/informatie waarbinnen informatie rondgaat die uitgezonden wordt door de omgeving, en informatie die afkomstig is van de omgeving. Dit proces is als een ononderbroken ademhaling, zowel in wakende toestand als tijdens de slaap.

In de wakende toestand zijn de bewuste hersenen van de moderne mens meestal losgekoppeld van het lichamelijke gevoel en profiteren dus niet van de nuttige informatie dat het lichaam hen zou kunnen geven als zij, net als de wilde dieren, het contact hadden behouden. Tijdens de dromen, in de meeste gevallen, is het niet langer het mentale dat overheerst, dat is dus het moment bij uitstek voor het lichaam om aan de hersenen van de slapende mens informatie door te geven die hem in wakende toestand niet hebben kunnen bereiken. Deze informatie kan de energetische kwaliteit van zijn omgeving betreffen, maar ook personen die hij in de loop van de dag ontmoet heeft.

Inderdaad, terwijl mensen elkaar ontmoeten, zelfs als zij elkaar niet aanraken, wisselen hun lichamen via hun "informatieve bubbels"[xiii] allerlei soorten informatie uit. Wij "scannen" elkaar vanaf het eerste contact en wij slaan in ons onderbewustzijn allerlei informatie op over onze gesprekspartners (hun niveau van levensenergie, hun geschiedenis, de omgeving waar zij vandaan komen, hun emotionele staat, hun gezondheidstoestand, hun recente en verre verleden, hun genetische achtergrond, etc.) terwijl ons bewustzijn zich meestal alleen bezig houdt met het gesprek van de ontmoete persoon, zijn allure, zijn kleding en zijn sociale status! Sommige informatie die wordt opgevangen door het lichaam komen naar het bewuste dankzij dromen, maar ze kunnen soms heel vervormd of symbolisch zijn en dus onbegrijpelijk voor die mensen die niet gewend zijn aan de taal van de dromen, die tegelijk voor een heel groot deel ook die van de Natuur is.

Wanneer wij naar willekeurig welke plek gaan, kijkt ons mentale met de ogen, hoort met de oren, ruikt met de neus, terwijl ons lichaam de energie en vibratie van die plekken opmerkt door de voetzolen, door de handpalmen en door de gehele oppervlakte van de huid. Al die sensaties, verzameld door het lichaam[xiv] worden gevoeld op een meer of minder sterke manier afhankelijk van het individu, waaronder de ambiance van de plekken. Bent u in staat het verschil te voelen tussen de energetische atmosfeer van een kerk, een bar, een zonnig strand, een bos in de lente, een kerkhof of een ziekenhuis? Of bent u een van die mensen die, gedomineerd door hun mentale, niet langer het instinct hebben om te vluchten van sommige plekken (woonruimtes, restaurants, winkels, de directe omgeving van abattoirs, etc.) die uiterlijk mooi zijn, maar energetisch giftig, omdat ze niet langer op een bewuste manier de energetische schadelijkheid van sommige plekken voelen en zich laten verleiden door een schijnbare, materiële harmonie?

Of u deel uitmaakt van de eerste of de tweede groep mensen, u heeft er allemaal belang bij om uw capaciteit tot communiceren met uw lichaam te ontwikkelen. Het is eenvoudig te doen, u hoeft alleen een tijd lang de verbanden tussen uw dromen en uw realiteit te observeren waarbij u de methode toepast die ik u nu zal uitleggen.

HOOFDSTUK 5: HOE U UW WAARNEMINGEN KUNT ONTWIKKELEN MET GEBRUIK VAN UW DROMEN

Ik leg kort uit hoe u te werk moet gaan. U hebt genoeg aan dit boek om uw eigen proeven te doen en uw capaciteiten te ontwikkelen voor het waarnemen van gevaren in uw omgeving, welke die ook zijn. Als u meer wilt weten en verder wilt gaan, kunt u ook mijn werk *De betekenis van dromen*[xv] lezen, die u meer gedetailleerde informatie zal geven en u ook zal uitleggen wat u nog meer kunt doen met dromen.

Als u 's ochtends wakker wordt, doet u dan niet de radio aan, ga niet meteen naar de computer, denk niet aan uw activiteiten van de dag. Blijf een poosje in uw bed, probeer uw dromen te herinneren. Als er niets komt, ga dan anders liggen, ga vervolgens zitten en probeer nogmaals uw dromen te herinneren. Als u dit doet, zult u zien dat u beetje bij beetje uw capaciteit om uw dromen te herinneren zult verbeteren. Vaak is het voldoende om aandacht te besteden aan uw dromen om het vermogen tot dromen en tot het herinneren van dromen te ontwikkelen. Als het in het begin niet lukt om uw dromen te herinneren, noteer dan in een schrift (of iedere andere manier die u ligt: geluidsopname, iPad, computer etc.) uw geestestoestand en uw lichamelijke toestand bij het ontwaken, en ook de gedachten die door uw hoofd gaan op het moment van ontwaken. Dat kunnen soms refreinen van liedjes zijn, noteer dat allemaal en noteer ook de grote lijnen van uw realiteit zoals ik verderop zal uitleggen.

De meeste mensen die beweren dat ze zich hun dromen niet herinneren zijn mensen die niet genoeg slapen. Vaak is het voldoende om een keer uit te slapen om hun "droommachine" opnieuw te starten. Als het niet aan een tekort aan slaaptijd ligt, is het voldoende om een paar technieken toe te passen uit het deel "Antwoorden op de meest gestelde vragen", om de herinnering aan de dromen terug te vinden en te ontwikkelen.

Ik mag graag moeilijke gevallen coachen en vind het fijn om te zien hoe het leven van deze mensen in positieve zin verandert op alle punten, wanneer zij opnieuw toegang hebben tot de informatie van hun dromen.

Als u zich uw dromen herinnert, is het handig om ze te noteren met zoveel mogelijk details, alsof u over een film vertelt die u aan het bekijken bent. Behalve het verhaal, als die er is, noteert u gevoelens, de situatie in de ruimte en met betrekking tot uzelf voorwerpen, dieren, ander personages. Noteer alles wat u "lichamelijk" heeft ervaren in de droom, geluiden, geuren, aangename of onaangename gevoelens, de intensiteit van kleuren, etc. Noteer de kleuren van de kleding van de personages in uw dromen, de kwaliteit van de vacht van de dieren, de kleur van hun ogen, etc.

Wat betreft de realiteit kunt u veel korter zijn. Het is genoeg om de grote lijnen van uw activiteiten van de vorige dag te noteren, aan te geven welke mensen u hebt ontmoet, wat u gelezen heeft, of gezien op televisie, op Internet, gehoord op de radio, etc. Noteer ook wat u heeft gegeten, de plaatsen waar u bent geweest, het vertrek waar u heeft geslapen (als dit niet uw gebruikelijke kamer is), de persoon naast wie u heeft geslapen en of u een seksuele omgang hebt gehad en met wie. Noteer uw stemming van de dag (uitstekend, goed, slecht), uw lichamelijke conditie (optimaal, moe, pijn, ziek, welbevinden). Heeft u gevoelens van onpasselijkheid gehad, een verkoudheid, zware benen, problemen met lichamelijke gezondheid? Voelde u zich gelukkig, gedeprimeerd, nerveus etc. Noteer dat allemaal. Noteer ook alle overige informatie die u nuttig acht in het kader van uw activiteiten, van uw lopende projecten of uw liefdesleven.

Bent u verbaasd dat ik u aanraad notities te maken over uw seksuele leven? U zult zien, terwijl u uw eigen observaties doet van de verbanden tussen uw dromen en uw werkelijkheid dat wanneer wij een seksuele omgang hebben gehad, er op het onzichtbare niveau belangrijke dingen gebeuren waar we ons niet van bewust zijn: wij wisselen onze energie uit, de vibraties van onze geschiedenis, onze energetische ambiance en we bewaren dat alles een poos in ons eigen "systeem" alvorens een groot deel ervan te verwijderen. Daardoor, terwijl wij seksuele contacten hebben met nieuwe personen, worden onze dromen ook anders en kunnen we over informatie dromen die in werkelijk betrekking hebben op onze partner. Er valt veel te schrijven over deze kwestie! Aan u te observeren wat er gebeurt en er lessen uit te trekken voor uw liefdesleven.

Wat betreft de dromen, aarzel niet om alles wat u zich herinnert te noteren, ook informatie die u niet bevalt, die onbelangrijk of zelfs stom lijken. Werk met de grootst mogelijke neutraliteit, zonder te oordelen, zonder te vervormen, alsof u bezig bent een film te beschrijven die door anderen gespeeld wordt. Laat vooral uw gedachten, ideeën en gevoelens de vrije loop. Oordeel niet, besteedt geen enkele aandacht aan vorm en schrift. Trouwens, het gebeurt wel dat schrijffouten de sleutel zijn voor de interpretatie van een droom. Zelfs als u van mening bent dat u niet "kunt schrijven", besteedt er geen aandacht aan. Dat is niet belangrijk voor uw doel en wanneer u uw dromen en uw werkelijkheid opschrijft, doe dit in alle vrijheid, zonder enige censuur.

Probeer in het begin van uw werk niet uw dromen te interpreteren. In dit stadium is het niet nuttig en u zult het veel doeltreffender kunnen doen en met een grote behendigheid na een poosje uw dromen en uw realiteit te hebben genoteerd. Het is zelfs zo dat, wanneer u voldoende materiaal zult hebben verzameld, het genoeg zal zijn om in één keer uw boekje te lezen en u zult de verbanden tussen uw dromen en uw realiteit zien verschijnen. Met andere woorden, u zult zien dat een zelfde type droomsymbool verschijnt in simultaneïteit met een zelfde soort situatie uit de werkelijkheid. Deze simultaneïteit zal het mogelijk maken om, op een precieze manier, de betekenis van uw eigen droomsymbolisme te ontcijferen. Ik zal dit in meer details uitleggen aan het eind van dit werk in het deel "Antwoorden op de meest gestelde vragen" waar ik u advies geef over de interpretatie van uw dromen met de methode van observatie van verbanden tussen uw dromen en uw werkelijkheid.

Het is belangrijk om u bekend te maken met de taal van uw dromen en uw eigen droomcode te begrijpen want soms zijn de dromen die u waarschuwen voor gevaren symbolisch en dan komt het goed uit dat u weet hoe ze te interpreteren.

Bijvoorbeeld, een van mijn vrienden die als zelfstandige een paramedische activiteit uitvoerde, heeft mij op een dag een droom toevertrouwd die hem erg had aangegrepen waarin hij zag dat zijn naaste medewerkster uit de kas stal. Deze droom was zo sterk en leek zo echt dat hij, ondanks het vertrouwen dat hij in deze medewerkster had, die al jaren met hem samenwerkte, toch de kas had laten controleren zonder dat er iets abnormaals werd ontdekt. Hij dacht toen dat zijn droom vals was, maar die bleek gewoon symbolisch te zijn. Hij begreep een poosje later van cliënten dat zijn naaste medewerkster de clientèle wegjoeg door de reputatie van haar baas te saboteren. Hetgeen in de droom van mijn vriend werd weergegeven als "stelen uit de kas". Die vriend had meteen zijn droom kunnen begrijpen en sneller ingrijpen, als hij een notitieboekje had bijgehouden van dromen en werkelijkheid. Maar, dit was niet het geval.

Met dit voorbeeld begrijpt u het belang om de betekenis van symbolische dromen te begrijpen. Maar, men moet geduldig zijn en geen etappes overslaan. In het begin is het voor het doel dat ons interesseert (namelijk de ontwikkeling van het vermogen gevaren aan te voelen) het belangrijkste om het bewuste, het onderbewuste en lichaam te trainen om beter te communiceren. Het begrijpen van de betekenis van uw dromen zal vanzelf gaan op het moment dat uw lichaam, uw onderbewuste en uw bewuste bruggen zullen hebben geslagen die het moderne leven heeft afgebroken bij de meesten onder ons.

Probeer in het begin dus niet uw dromen met uw mentale deel te begrijpen. Laat in plaats daarvan iedere ochtend informatie, sfeer, beelden en kleuren van uw dromen aan de oppervlakte van uw bewustzijn komen zonder ze te oordelen. Accepteer ze, beleef ze in een staat van meditatie. U zult zien dat soms, zodra u begint te schrijven over het vreemde fragment dat u zich herinnert, andere complete dromen in eens in uw herinnering bovenkomen. Het is voldoende om elke ochtend een beetje tijd voor u zelf te nemen, u te ontspannen en in uzelf te duiken in plaats van te denken aan al uw verplichtingen van de dag.

Als u dit heel eenvoudige proces een poosje doet, maakt u de communicatie tussen uw bewuste, uw onderbewuste en uw lichaam makkelijker en u brengt uzelf stukje bij beetje terug onder de optimale omstandigheden om gewaarschuwd te worden voor gevaren die zich kunnen voordoen in uw directe omgeving (en onder sommige omstandigheden zelfs heel ver weg). Het moderne leven heeft ons stukje bij beetje afgesloten van onze lichamelijke gewaarwording, van ons innerlijk leven, van de natuur, hoofdzakelijk omdat het mentale en de dagelijkse activiteiten die wij hebben in een omgeving die meer en meer kunstmatig is, de overhand hebben gekregen. Maar niets houdt ons tegen om opnieuw voordeel te halen uit capaciteiten die wij allen in een latente staat hebben en die zich vandaag de dag vooral manifesteren via de dromende toestand.

Door opnieuw contact te maken met uw innerlijk leven, uw onderbewuste en uw lichaam en door die laatste met de Natuur, zult u zelfs beter aanvoelen, net als de dieren, wat er gebeurt in uw energetische omgeving en u zult uzelf ook kunnen beschermen nog voor de ontketening van gebeurtenissen zoals: aardbevingen, vloedgolven, tornado's, lawines, vulkaanuitbarstingen, etc. U zult zelfs verder kunnen gaan dan de dieren en weten, bijvoorbeeld, of er technische defecten zijn in een nucleaire centrale in de buurt, of in een vliegtuig, auto of boot die u wilt nemen.

Dat alles kan u wonderlijk, paranormaal of zelf onmogelijk lijken. Ik vraag u niet mij te geloven, maar om serieus uw eigen werk te doen met observaties van verbanden tussen uw dromen en uw werkelijkheid. U zult dan zien, wanneer u genoeg informatie uit dromen en dagen hebt verzamelt, dat toekomstige gebeurtenissen aanwezig zijn in uw dromen, ver voor hun optreden in de werkelijkheid. Het is zelfs zo dat het op deze manier observeren van verbanden tussen dromen en realiteit laat zien dat we het leven niet leiden op de manier die wij denken. Alles lijkt zich in tegengestelde richting te bewegen. Dat wil zeggen dat wij alles wat we beleven in de werkelijkheid eerst hebben gecreëerd op het niveau van energie/informatie/leven in de droom. Het is alsof, in de werkelijkheid, we niet anders doen dan de gebeurtenissen concretiseren die we alleen of met andere personen hebben gecreëerd in de energetische wereld van de droom.

Toch blijkt dat, net zo duidelijk als de droom die onze werkelijkheid maakt, de werkelijkheid op haar beurt onze droom beïnvloedt, want we kunnen immers door ons lichaam, in een wakende toestand, allerlei soorten invloeden en informatie opvangen die zich mengen in het energetische stramien van de dromen waarmee wij allen zelf de essentie van ons leven en onze toekomst "maken". Dit aspect van het menselijk leven was goed bekend bij bijvoorbeeld de oude Maya's die de kunst onderwezen van het "zaaien en laten ontkiemen van dromen". Het is ook in die energetische wereld van de dromen die onze "werkelijke wereld" inhaalt dat sjamanen van talrijke tradities zich voortbewegen wanneer ze in trance treden. Zo verrichten ze de veranderingen op het energetische niveau boven de materiële manifestatie van sommige gebeurtenissen waarvan ze zo de loop kunnen veranderen. Ik ben in staat om hetzelfde te doen direct in de droom en tijdens het dromen. Dat wil zeggen dat, met hun toestemming, ik in de dromen ga van de personen die ik coach om hen te helpen sommige problemen te regelen, wanneer ze nog niet ver genoeg ontwikkeld zijn om het zelf te doen.

Ondanks alle tastbare resultaten die sjamanen van verschillende tradities die de energie van de droom gebruiken, al millennia lang hebben bereikt, bestaan er in het Westen talrijke onderzoekers, met name in het gebied van de helderziendheid van dromen die denken dat dromen alleen plaatsvinden in het hoofd van de dromer, die dus altijd op een geïsoleerde manier zou dromen. Welnu, hoewel het waar is dat sommige dromen alleen de dromer betreffen en in zijn lichaam en zijn hersenen plaatsvinden, laat een observatie van de verbanden tussen de droom en de realiteit van eenzelfde dromer snel zien dat hij niet op een geïsoleerde manier droomt en dat in de dromende toestand zijn lichaam en zijn geest informatie en energie uitwisselen met de omgeving en met andere dromers.

Markies Hervey de Saint Denys, westerse voorloper op het gebied van de helderziendheid van dromen dacht dat ieder persoon op een geïsoleerde manier droomde. Toch was Hervey de Saint Denys een zeer getalenteerde voorspellende dromer en had de verbeeldingskracht om testen te bedenken. In 1867 schreef hij een werk met de titel: *Dromen en middelen om ze te sturen*[xvi] waarin hij verslag doet van proeven op het gebied en wat nog altijd de bijbel is voor onderzoekers van de helderziendheid van dromen. Zijn werk is van groot belang, zelfs al bleef hij, ondanks de bewijzen van zijn eigen proeven, volharden in het denken dat hij op een geïsoleerde manier droomde.

Er bestaat, zoals Robert Moss[xvii] schrijft, een soort psychisch Internet. Die was bijzonder actief in de dromende toestand. Het bestaan van dit "psychische Internet" maakt het mogelijk dat ons onderbewustzijn informatie kan uitwisselen, en bijvoorbeeld de gevaren in de omgeving kan opvangen, en op de hoogte kan zijn van gedachten van individuen die een gevaar kunnen betekenen. Het is dankzij deze capaciteit om informatie uit te wisselen in de dromende toestand dat ik kon worden gewaarschuwd voor de aanslagen in New York.

De meest markante droom over gevaar die ik in mijn leven gehad heb betrof juist de aanslagen van 11 september 2001 in New York. In een nacht in juli 2001 werd ik wakker nadat ik een zeer heldere droom had gehad waarin in zag hoe een soort grote witte granaten op gebouwen in Manhattan vielen. Ik bekeek deze scene met een grote kalmte, daarna zag ik mezelf ook heel kalm lopen in een menigte Amerikanen, in een straat in Manhattan. De dag daarvoor was ik begonnen met de organisatie van mijn reis voor september naar New

York en ik had op Internet gezocht naar een appartement. Ik dacht lang na over deze droom. Het was zo sterk, zo speciaal, maar "oorlog in New York", dat leek me, rationeel gezien, zo ongeloofwaardig en geheel onwaarschijnlijk. Uiteindelijk, na lang twijfelen, besloot ik toch mijn vliegticket te reserveren en naar New York te gaan in september 2001. Ik had die beslissing genomen, want, ondanks de voorspelling van droom van de "oorlog in New York", zag ik ook dat ik nog leefde, dat ik geen problemen had en dat ik rustig met de menigte wandelde in een straat in Manhattan. Persoonlijk liep ik dus waarschijnlijk geen risico als ik naar New York ging, zelfs in het geval dat de zeer onwaarschijnlijke "oorlog in New York", aangekondigd in mijn droom, werkelijk plaats zou vinden. Op 11 september 2001 was ik dus in Manhattan in een appartement dat ik had gehuurd in de 14[e] straat, in het Oosten van de stad. Nadat ik de hele ochtend had gereisd, ben ik uitgegaan om te eten en ik constateerde dat er helemaal geen autoverkeer was in de wijk. De straat was overspoeld door een menigte voetgangers die in stilte in de richting van de Brooklynbrug liepen. Ik ben met ze meegegaan, want ik voelde de behoefte om in dezelfde richting te gaan. Terwijl ik in die menigte liep, dacht ik eerst dat er een feest was die dag. Maar als snel voelde ik dat er geen feeststemming was, maar eerder een afschuwelijke atmosfeer van een ramp. Ik heb toen aan een politieagent die daar was, gevraagd waarom er in de verte rook te zien was in de richtring van Battery Park. Hij vertelde me dat er een aanslag was gepleegd en dat de Twin Towers ingestort waren. Plotseling herinnerde ik me droom van juli en ik begreep dat, net als in de droom, ik rustig wandelde in de menigte terwijl er een "oorlog had plaatsgevonden in New York". Mijn droom van juli, ondanks dat ik het rationeel als zeer onwaarschijnlijk had beoordeeld dus in werkelijkheid een droom met een aankondiging van en ramp bleek te zijn. Dat betekent dat, op het moment dat ik het gedroomd heb, de gebeurtenissen dus al aanwezig waren op het energetische niveau in de "parallelle wereld" van de droom en wellicht al veel eerder dan juli. Zelf heb ik het opgevangen in juli, omdat ik in de maand juli begonnen was met de voorbereidingen voor mijn vertrek naar New York in de maand september. Als ik me niet had voorgenomen om op die datum naar New York te gaan, had ik waarschijnlijk niet gedroomd over die aanslagen. Het is inderdaad zo dat, in de meerderheid van de gevallen, we dromen over gevaren die ons persoonlijk bedreigen of die de wezens bedreigen van wie wij houden en die op de een of andere manier op ons rekenen Gelukkig dat onze hersenen de onderbewuste informatie filtert, anders zouden onze nachten, met alle ellende die nog bestaat in de wereld, een oneindig vervolg van ellendige nachtmerries zijn!

We zien met dit voorbeeld dat het heel goed mogelijk is om door onze dromen gewaarschuwd te worden voor allerlei soorten gevaren en niet alleen natuurrampen. We kunnen in onze slaap (en sommige zeer begiftigde personen direct in wakende toestand) allerlei soorten informatie opvangen die wij nodig hebben. Daarvoor is het voldoende om te leren beter gebruik te maken van uw mogelijkheid tot dromen. Het is makkelijk om te doen als u gebruik maakt van de methode van observatie van verbanden tussen dromen e de werkelijkheid die ik uitleg in dit boek.

Als u uw eigen observatiewerk doet, zult u ook in dromen worden gewaarschuwd voor gevaren die u bedreigen. U zult zelfs, zoals mij dat eens is gebeurd, kunnen worden gewaarschuwd voor de kwade bedoelingen van misdadigers, bijvoorbeeld inbrekers en ofwel hun plannen verijdelen indien mogelijk, ofwel de schade beperken.

Om alle geluk uw kant op te laten komen om uw vermogen te ontwikkelen om gevaren in uw omgeving te voelen, moet u echter ook enkele elementaire regels voor levenshygiëne respecteren. De eerste bestaat uit voldoende slapen. Het is namelijk zo, dat als men niet genoeg slaapt, het – bijna altijd - bijzonder moeilijk is om zich dromen te herinneren. Het is dus nodig om zoveel mogelijk te vermijden:

- opwekkende middelen zoals koffie, alcohol, thee, vlees etc.

- drugs

- hersenmedicatie: antidepressiva, kalmerende medicatie etc. die vaak als bijwerking hebben dat ze de droomactiviteit verstoren en de zieken vaak puur en simpel beroven van de herinnering aan hun dromen[xviii]

- te machtige maaltijden vlak voor het slapengaan

- teveel televisiekijken, teveel surfen op internet of teveel tijd besteden aan communiceren per telefoon of ander kanaal met teveel mensen. In die gevallen zullen uw dromen slechts een "digestie" zijn van de informatie van de televisie, van wat u gehoord of gelezen hebt, etc. (vaak geheel nutteloos) van die dag; en u zult de grootst mogelijke moeite hebben om toegang te krijgen tot uw eigen informatie. Ze zullen als het ware "verdronken" zijn in de vloed aan externe informatie waarmee u uw geest en lichaam hebt overladen. Onder zulke omstandigheden zullen uw dromen meestal geen echte dromen zijn die uit het diepste van uzelf komen, maar slechts een mentaal samenraapsel gemaakt door uw bewuste hersenen die bezig zijn met een "indigestie" van informatie. Helaas is het, in onze tijd, het lot van duizenden mensen die ieder avond in slaap vallen na uren televisie geabsorbeerd te hebben na een dag zonder een moment alleen te zijn geweest. U moet ook weten dat de activiteiten die u vlak voor het slapengaan hebt gedaan, de hersenen programmeren om over zekere thema's te dromen.

Trouwens, in de eerste periode van de ervaring en om er de beste resultaten uit te halen, zou het ideaal zijn om alleen te slapen. Het is namelijk zo dat de bubbels van informatie-energie zich vermengen, waardoor het erg moeilijk is als men niet alleen kan slapen, om in het begin van de ervaring onderscheid te maken tussen wat van u is en wat niet van u is. Bijvoorbeeld, een vrouw kan regelmatig dromen dat ze kaal is en dat ze erg behaard is als ze slaapt met een partner die deze karakteristieken heeft. Zo kan een man dromen, vaak met afschuw, dat hij de vrouwelijke karakteristieken van zijn partner heeft. De lichamelijke sensaties worden regelmatig uitgewisseld tussen slapers die een zelfde slaapruimte delen!

Daarom, als u een werk verricht van observatie van uw dromen en uw werkelijkheid terwijl u met iemand slaapt en als u regelmatige seksuele omgang heeft met die persoon, zal het heel moeilijk zijn om uw "droomgebied" goed te leren kennen, want uw informatiesfeer zal vermengd zijn met die van uw partner. Bovendien zal, in de gevallen waarin de partner ontrouw zou zijn, de informatie een andere persoon kunnen betreffen met wie hij contact heeft gehad en u zult zelf ook die informatie opvangen terwijl u slaapt in hetzelfde bed of als u seksuele omgang met hem heeft.

Dat is waarom het veel makkelijker is om uw persoonlijke droomgebeid goed te leren kennen als u in het begin van de ervaring alleen slaapt. Dan zal het makkelijker zijn te weten wat op het niveau van informatie en vibratie aan u toebehoort en wat niet aan u toebehoort. Als u alleenstaand bent, kunt u heel makkelijk observeren dat wanneer u seksuele omgang heeft met een nieuwe persoon, de inhoud van uw dromen aanzienlijk verandert en dat ongewone informatie afkomstig van uw partner in uw informatiesysteem is binnengekomen. U zult ook variaties constateren op het niveau van uw energie en nog meer zaken. Bijvoorbeeld een toestand van gedeprimeerdheid, verdriet of angst meteen na een seksuele omgang zelfs als die geslaagd was, of de dag na die omgang geeft meestal aan dat een energetische uitwisseling met uw partner negatief was voor u.

Een interessante oefening om te doen, maar afgeraden aan depressieve personen, bestaat uit zich een paar dagen isoleren en te vasten of licht te eten en baden te nemen. Na deze periode van isolement zal men in staat zijn om veel beter het verschil aan te voelen tussen uw eigen energie en die van personen, dieren en plaatsen waarmee men opnieuw in contact komt.

Als u voordeel wilt halen uit uw dromen om gewaarschuwd te worden voor gevaren, is een laatste ding heel belangrijk om te signaleren: lees geen horror of gewelddadige boeken; kijk geen gewelddadige films en rampenfilms; vermijd informatie op televisie in hetzelfde gamma vooral 's avonds voor het slapengaan. Dat alles heeft invloed op uw hersenen, stimuleert de verschijning van dromen met vals alarm over rampen en draagt sterk bij aan het verdwijnen van uw natuurlijke vermogen om "waar te dromen".

In de laatste plaats wil ik onderstrepen hoe belangrijk het is om kalm te zijn. Hoe kalmer we zijn, hoe groter de kans om echte dromen te krijgen, die uit het diepste van onszelf komen, en te beschikken over een betere communicatie met ons lichaam en met ons onderbewuste. Doe daarom alles wat u kunt om stress te voorkomen of om u te ontspannen als u het niet hebt kunnen vermijden. Neem ook de gewoonte aan om 's avonds een ontspannende kruidenthee (van goede kwaliteit en zonder pesticide) te drinken: bijvoorbeeld lavendel, kamille, lindebloesem etc. U kunt ook rustgevende essentiële oliën verspreiden waarvan u de geur in uw kamer waardeert.

Als u al deze adviezen opvolgt, zult u, op een natuurlijke manier en zonder enig gevaar, de taal van uw dromen leren, u zult beter communiceren met uw lichaam en u zult ook beter onderscheid kunnen maken onder uw waarschuwingsdromen welke echte waarschuwingsdromen zijn die betrekking hebben op de werkelijkheid en welke eenvoudig nachtmerries zijn opgewekt door oorzaken die u zult leren ontdekken en waarover ik u nu ga vertellen om u veel tijd te besparen in uw persoonlijke werk.

HOOFDSTUK 6: WAT ROEPT DROMEN MET VALS ALARM OVER NATUURRAMPEN OP?

We hebben eerder gesproken over de pogingen die in Engeland, in de Verenigde Staten en in België zijn gedaan om dromen van de bevolking te gebruiken om bewoners te waarschuwen voor omgevingsrisico's en zo levens te redden. We hebben gezien dat de bureaus voor registratie van rampdromen al heel snel ten onder gingen aan een grote hoeveelheid dromen, waarvan bijna alle uiteindelijk (en gelukkig maar) valse alarmen bleken te zijn, eenvoudige nachtmerries. In plaats van in één keer door te gaan en proberen te begrijpen waarom zoveel dromen slechts dromen met vals alarm waren, en een andere, meer effectieve manier te vinden om te werken, werd er helaas een eind gemaakt aan deze ervaringen. Voor zover ik weet, probeerde men niet te begrijpen waarom de bevolking in zijn geheel zo getroffen werd aan nachtmerries en hoe deze situatie zou kunnen worden verbeterd.

Ik denk dat het een uitstekend idee was om bureaus te creëren als droomwacht voor rampen, maar dat deze ervaringen gedoemd waren te mislukken door de manier van werken van deze wacht. Zo hield men, voor zover ik weet, alleen rekening met de dromen, onafhankelijk van de dromers, van hun levenshygiëne en van de plaatsen waar ze gedroomd hadden, en de talrijke oorzaken die de aanwezigheid van dromen met vals alarm opriepen.

In het begin zou het mogelijk zijn geweest om te werken met het verzamelen van veel dromen, dit met als doel om de meest capabele mensen op te sporen die werkelijk natuurrampen kunnen voelen aankomen, en ook de personen die het minst geneigd zijn tot nachtmerries. Vervolgens hadden de registratiebureaus kunnen besluiten voornamelijk te werken met de meest capabele mensen. Deze mensen zijn vandaag de dag steeds zeldzamer, terwijl de personen die dromen met vals alarm hebben over rampen steeds talrijker zijn geworden. Het is niet moeilijk te begrijpen waarom. In de volgende passages zal ik uitleggen waarom ik door mijn onderzoek heb leren begrijpen wat de meeste dromen met vals alarm over natuurrampen veroorzaakt.

Aan de hand van de uitleg die ik nu zal geven over nachtmerries (of dromen met vals alarm), zult u begrijpen wat de omstandigheden zijn die zo vaak bij zo veel personen rampzalige dromen oproepen. Dromen die, gelukkig voor ons allemaal nooit ergens anders dan in hun eigen psyche zullen voorkomen.

De uitleg die ik u nu voorstel komt voort uit mijn lange ervaring. Maar, dat spreekt voor zich, er is op dit gebied nog veel te ontdekken. Het is ook waar dat ondanks extreem slechte droomomstandigheden, sommige dromers toch, bij uitzondering, echte dromen kunnen hebben die hun leven kunnen redden doordat ze waarschuwen voor gevaren die hen bedreigen. In dergelijke gevallen gebeurt het vaak dat de dromers denken een interventie van het "goddelijke" type te hebben ontvangen, bijvoorbeeld van een beschermengel of de geest van een overleden bekende.

Om de uiteenzetting te vergemakkelijken heb ik de nachtmerries met valse alarmen in een paar groepen onderverdeeld. Deze lijst van nachtmerries is niet volledig. Ik heb bijvoorbeeld de nachtmerries van het type "sjamanistisch" die verband houden met droomcontacten met de "parallelle" wereld en die vandaag de dag, in het Westen, het begrip te boven gaan en teveel zijn voor de mogelijkheden van de "normale" mens. De moderne westerse mens is zo ver gescheiden van de natuur en van zijn onderbewustzijn dat ik misschien een risico heb genomen met het noemen van dit type droom! Maar laten we terugkomen op het onderwerp. Ik zal nu dus praten over: lichamelijke nachtmerries, geestelijke nachtmerries en nachtmerries die verband houden met energie.

1) Nachtmerries met vals alarm over rampen, veroorzaakt door het lichaam

Deze nachtmerries steeds vaker voor in deze tijd en ze worden voornamelijk veroorzaakt door een verstoring van het spijsverteringssysteem. In de oude beschavingen praktiseerde men technieken die bedoeld waren om het spijsverteringssysteem in goede gezondheid te houden. Het was daardoor gewoon om regelmatig te vasten en om manieren te gebruiken waarmee de darmen schoon werden gemaakt met water. Dankzij deze preventieve maatregelen konden de mensen hun spijsverteringssysteem tot rust brengen, hun ingewanden en hun lichaam schoonmaken en zich regelmatig ontdoen van hun toxines.

Vandaag de dag zijn de mensen die vasten zeldzaam, en nog zeldzamer zijn zij die een goede darmhygiëne hebben. In het geval van verstopte darmen neemt iedereen tegenwoordig laxeermiddelen zonder ooit de moeite te nemen om zich werkelijk goed schoon te maken. Deze toestand gecombineerd met de stress van het moderne leven, met het zittend leven, met een weinig natuurlijke voeding, maakt dat vanaf een bepaalde leeftijd (en soms heel vroeg voor sommige personen), kunnen de darmen, vol met een verharde laag niet verwijderde materie, niet meer goed functioneren. De darmflora is dan uit evenwicht en veroorzaakt gisting, gas, aërofagie en talrijke andere onaangename aandoeningen in het lichaam als geheel. Als u meer wilt weten over de darmhygiëne, nodig ik u uit om het boek *Getuigenis over de heilzame invloed van de darmhygiëne*[xix], geschreven door **Laure Goldbright**, waarin ze uitlegt hoe de darmhygiëne te praktiseren en de talrijke voordelen die we er uit kunnen halen.

Als u beter wilt dromen, zijn de zuiverheid en de goede gang van uw spijsverteringsorganen van het grootste belang. Een verstoorde spijsvertering veroorzaakt zeer levendige nachtmerries omdat het lichaam zo zijn extreme malaise uitdrukt die te wijten is aan de vergiftiging van het bloed, aan de slechte zuurstofverzadiging van het bloed, die weer veroorzaakt wordt door een ademhaling die belemmerd wordt door de druk van de door gas opgeblazen maag en de darmen. Soms is zelfs een tijdelijke indigestie of een voedselintolerantie genoeg om een nachtmerrie van het type digestief te veroorzaken. Een aantekenboekje bijhouden over dromen en werkelijkheid waarin met noteert wat men gegeten heeft, kan helpen om te begrijpen welke voedingsmiddelen niet goed passen bij ons lichaam. De voedingsmiddelen die ons lichaam niet verdraagt, wekken vaak nachtmerries op die een belangrijke en heel reële malaise verbeelden.

De mens is zodanig het contact met de natuur en met zijn eigen lichaam verloren dat hij vaak alleen in wakende toestand voelt dat zijn lichaam niet goed voelt, dat een voedingsmiddel, een drankje, een plek helemaal niet past bij zijn lichaam. Gelukkig, in veel gevallen, zijn er nog de nachtmerries die de noodklok luiden voordat het te laat is. Dan nog moet men leren ze te begrijpen en er rekening mee te houden zonder er bang voor te zijn.

Bij de meeste mensen van wie het spijsverteringssysteem sterk verontreinigd en verstoord is, heb ik geobserveerd dat er ofwel een complete vergetelheid van dromen is, ofwel een overvloed aan terugkerende dromen en nachtmerries over natuurrampen. Deze nachtmerries kunnen iedere nacht opkomen, meestal rond dezelfde tijd. Ze worden vaak vergezeld van een wisseling van koude rillingen en kleine opvliegers die gepaard gaan met transpiratie, en met moeite om in slaap te vallen. Ze kunnen daarentegen ook een overdreven slaperigheid combineren met een ongebreidelde droomactiviteit. Sommige mensen hebben terugkerende dromen over slachtpartijen, dat wil zeggen waarin veel bloed vloeit, waarin mensen sterven, badend in bloed door allerlei soorten catastrofale gebeurtenissen, iedere avond een andere. Volgens de Chinese geneeskunde zou dit soort dromen te wijten zijn aan een disfunctioneren van de energetische milt.

Andere personen hebben terugkerende dromen over rampen waarin ze hun benen verliezen of waar ze veel mensen zien met geamputeerde benen, vaak ter hoogte van de knie. Volgens mijn observaties lijkt mij dit soort dromen te wijten aan het feit dat de bloedcirculatie in de benen "mechanisch" geblokkeerd is door de buik vol gas. (In de realiteit: deze mensen hebben bijna altijd koude voeten).

Nog weer andere mensen dromen regelmatig over rampen waarin ze het zicht verliezen, de armen etc. De verstopping van het spijsverteringssysteem is een ware ramp voor het lichaam, want het veroorzaakt niet alleen een mechanische belemmering van de bloedsomloop en de zenuwen, maar ook een progressieve vergiftiging van het lichaam dat niet meer goed kan ademen en om effectief de afvalproducten en toxines af te scheiden. Ik heb kunnen observeren dat personen die de neiging hebben tot verschrikkelijke nachtmerries over nucleaire rampen of oorlogen waarin gebruikte wapens chemische wapens zijn met bijtende middelen.

Ondanks al deze reële ontregelingen van het lichaam, bestaan er mensen die zo weinig gevoelig zijn voor zichzelf dat ze deze toestand verdragen in de overtuiging dat ze gezond zijn en die het normaal vinden om een buik en maag te hebben die continu opgeblazen zijn. Vanwege de toestand van hun buik is het alsof ze onder verdoving zijn. Ze leven ver onder hun vitale vermogen en soms herinneren ze zich noch hun dromen noch hun nachtmerries. Natuurlijk is het beter, in dit geval, om nachtmerries te hebben en zich niet lekker te voelen in je lijf. Op zijn minst moet men aangespoord worden om iets te doen om al die problemen te verhelpen en zijn gezondheid en vitaliteit te hervinden in plaats van vertraagd te leven "op minimaal vitaal niveau". U begrijpt dat het heel eenvoudig is om dit soort nachtmerries te elimineren. Het is voldoende om (zoals Laure Goldbright uitlegt in haar eerder geciteerde boek) enkele darmirrigaties uit te voeren, om te vasten en om een goede voedingshygiëne aan te houden. Jammer genoeg zijn de natuurlijke laxeermiddelen of allopathie niet geschikt om de darmen te reinigen. Alles wat ze doen, is de situatie verergeren.

Vandaag de dag zijn de problemen in de sfeer van de spijsvertering de meest voorkomende veroorzakers van nachtmerries met vals alarm over rampen. Ze treffen de grootste meerderheid van de volwassen westerse bevolking die voedingsmiddelen gebruiken die meer en meer gedenaturaliseerd zijn en in een steeds stressvollere sfeer. Men moet ook buigen voor de feiten dat alles wat we eten ook beladen is met informatie. Ik laat u zelf herleiden wat het eten van vlees van mishandelde dieren, die soms gedood zijn onder afschuwelijke condities, voor effect kan hebben op uw informatiesysteem.

Na deze belangrijkste oorzaak van nachtmerries van lichamelijke oorsprong komt een andere oorzaak die ook veel voorkomt en die nog onbekender is, die te wijten is aan een foutieve stand van de atlas (de eerste halswervel). Volgens onderzoek uitgevoerd door René Schümperli, zou de atlas bij zeer veel mensen in een slechte stand staan, en bij hen die een trauma hebben meegemaakt, in een zeer slechte stand. René Schümperli heeft ook geobserveerd dat een moeder met een verkeerd staande atlas kinderen krijgen met een slecht staande atlas. Bij naslag in een anatomieboek is het eenvoudig te begrijpen dat een slecht staande atlas de bloedtoevoer in de hersenen enorm verstoort evenals de zenuwontlading. En dit is gevoelig voor het veroorzaken van terugkerende nachtmerries over rampen. Dit probleem is echter voortaan heel eenvoudig te verhelpen dankzij de uitvinding van René Schümperli, die het mogelijk maakt de atlas terug te zetten in de juiste stand zonder gevaar en zonder pijn. U kunt meer informatie vinden op de site van deze uitvinder en door het lezen van de boeken die hij heeft gepubliceerd[xx]

Naast deze hoofdoorzaken veroorzaken alle andere lichamelijke ongemakken vaak dromen over natuurrampen, oorlogen, brand etc. Het lichaam gebruikt de taal van de natuur om zich te laten horen. Trouwens, aangezien hij zelf deel uitmaakt van de natuur, kent en spreekt hij alleen deze taal.

Wat dat betreft, zou ik een droom met u willen delen die ik op een nacht had en die me behoorlijk heeft geraakt. In die droom stond ik tegenover een prachtige tijger en ik stelde deze vraag: "Maar wat is een tijger?" Ik kreeg in de droom dit nogal onverwachte antwoord: "Een tijger is een kosmos, en iedere cel van zijn lichaam is een ster" Ik leidde hieruit af dat ieder levend organisme een kosmos is zoals de tijger in mijn droom. Als men een werk doet van observatie van de verbanden tussen onze dromen en onze realiteit, merkt men dat ons lichaam ook een kosmos is, het is een wereld op zich met landschappen, waterstromen, bergen, bewoners, weersomstandigheden en natuurrampen die men kan zien in dromende toestand. De verstoringen van ons lichaam veroorzaken vaak nachtmerries die ons natuurrampen laten zien van "natuurlijke grootheid".

Dergelijke dromen, hoe indrukwekkend en beeldend ze zijn, kondigen geen rampen aan in onze externe omgeving. Maar in werkelijkheid vinden "rampen" (en wanorde) echt plaats binnenin onze eigen lichamelijke kosmos.

In dezelfde orde van fenomenen kan bijvoorbeeld koorts nachtmerries veroorzaken die verschrikkelijke droogtes laat zien met woestijnvorming en de dood van duizenden mensen (die in werkelijkheid vaak cellen vertegenwoordigen) tot gevolg. Ontstekingen kunnen droomscènes veroorzaken met verschrikkelijke branden. Nierproblemen kunnen dromen over catastrofale en oncontroleerbare overstromingen veroorzaken[xxi]. Problemen die verband houden met bloedsamenstelling en met de circulatie kunnen dromen opwekken met scènes over waterlopen, zoals stromen en rivieren waarin personages die zwemmen te dik zijn (vaak een indicatie van cholesterol), of schepen hebben navigatieproblemen. Het komt ook voor dat die rivieren en die stromen vervuild zijn wat vaak een indicatie is van vergiftiging. In ons lichaam die soms tegen binnendringende microben vecht, vinden ook verschrikkelijke oorlogen plaats die we vaak in dromen kunnen zien zonder heftige emoties.

Wanneer we ons in een bepaalde omgeving bevinden, kijkt ons mentale met de ogen, ruikt met de neus, hoort met de oren, maar het lichaam merkt allerlei soorten andere informatie op door zijn gehele oppervlak. De manier waarop het lichaam "blind" de externe omgeving opmerkt, en ook alles wat men met hem doet, kunnen sommige nachtmerries over natuurrampen opwekken. Bijvoorbeeld, dankzij zijn notitieboekje kon één van mijn leerlingen observeren dat zijn behandelingen met electro-acupunctuur bij hem dromen opwekten over aardbevingen. Electro-acupunctuur wekt bij mij ook dit soort dromen op. Aangezien ik in het echt nooit de een aardbeving heb meegemaakt en wat men op zo'n moment in de benen kan voelen, veronderstel ik dat mijn lichaam in zijn informatiegeheugen de herinnering van de ervaring van mijn voorouders (dichtbij en veraf) heeft ontvangen, die bijna allen in het zuiden van Italië geleefd hebben, een regio die gevoelig is voor dit soort natuurrampen. Het lijkt erop dat we allen op de wereld komen met een geheugen dat al in ons lichaam (of onze geest?) geïnstalleerd is en die het mogelijk maakt om te profiteren van sommige ervaringen van onze voorouders, maar die ook, jammer genoeg, het door hen meegemaakte lijden voortzet in getraumatiseerde informatie en emoties.

De moderne psychoanalyse heeft zich gebogen over deze vraag en heeft bewezen dat er een transgenerationele overdracht bestaat van sommige trauma's.

Anne Ancelin Schützenberger, psychotherapeut en groepsanalist heeft in haar professionele praktijk het bestaan van een soort psychologische erfelijkheid kunnen verifiëren die Freud, "de archaïsche erfelijkheid" noemt , zoals ze in deze woorden citeert[xxii],.

"De archaïsche erfelijkheid van de mens bevat niet alleen alle aanleg, maar ook de ideatieve inhoud van geheugensporen, achtergelaten door de ervaringen van eerdere generaties" (FREUD Sigmund, *Moïse et le monothéisme (Mozes en het monotheïsme)*, 1939, Gallimard, Pocket, Collectie Ideeën, 1948, p.134).

In dit zeer interessante werk met de titel *Aïe mes aïeux! (Oh wee mij voorouders!)* geeft Anne Ancelin Schützenberger talrijke voorbeelden uit haar ervaring die het bestaan van transgenerationele psychologische banden laten zien. Wat betreft de nachtmerries, worden talrijke voorbeelden genoemd van de nakomelingen van mensen die traumatische gebeurtenissen hebben meegemaakt, of die gebeurtenissen wel of niet bewust bekend waren bij de personen die de nachtmerries hadden. Ze schrijft:[xxiii]

"Onder klinische omstandigheden heeft men de transgenerationele overdracht geconstateerd van ernstige trauma's waarover niet gesproken wordt – of waarover niet is gerouwd – zoals oorlogstrauma's (gas, verdrinking of bijna-verdrinking, martelingen, gewelddadige schendingen die een naast familielid, een broeder of een strijdkameraad verwond).

Niets van wat wij kennen vanuit de psychologie, fysiologie of neurologie verklaart hoe iets generaties van eenzelfde familie kan kwellen."

De oplossing die zij voorstelt voor dergelijke nachtmerries is een psychotherapie die bestaat uit een onderzoek naar wat er is gebeurd in de familiegeschiedenis om het probleem bewust te maken zodat het te behandelen is zoals het moet, door vergiffenis of vergeten, om onbehagen bij toekomstige generaties te voorkomen.[xxiv] Maar het is ook mogelijk om dit probleem anders te regelen door met de dromen te werken.

Een van mijn leerlingen had regelmatig dromen over vloedgolven waarin ze de verdrinkingsdood stierf. Dit maakte haar erg bang, gezien het feit dat ze vlak bij de zee woonde. Haar dromendagboek liet zien dat deze dromen vooral na darmspoelingen kwamen. Haar lichaam interpreteerde het gevoel van vulling door water in de buik als een verdrinking. We hebben wat onderzoek gedaan en zo leerden we dat onder haar voorouders een zeeman was die op zee was gestorven. In dit geval leek te informatie te zijn overgedragen aan de volgende generaties. Deze persoon had dus ergens (in haar genetische aanleg? In haar psychische erfenis?) de herinnering van de lichamelijke sensatie die bij het verdrinken hoort. Deze herinnering manifesteerde zich in een droom als gevolg van een lichamelijke sensatie van een "teveel aan water".

Zoals u aan de hand van deze paar voorbeelden hebt kunnen constateren, weten wat er in de realiteit van een persoon is gebeurd en soms zelfs in de realiteit van zijn voorouders en naasten is onmisbaar voor het begrijpen of de nachtmerries wel of geen voorspellende dromen zijn.

Op een dag, in de wachtkamer van mijn huisarts, vertrouwde een patiënt me zijn terugkerende dromen toe over auto-ongelukken waaraan hij elke keer maar net wist te ontsnappen. Intuïtief heb ik aangevoeld dat hij een familietrauma herhaalde en ik heb hem gevraagd of er personen in zijn familie onder deze omstandigheden waren overleden. Het bleek dat meerdere van zijn naasten waren gestorven in auto-ongelukken. Ik heb hem aangemoedigd om een persoonlijk werk te verrichten om zich te bevrijden van deze onaangename nachtmerries en ook om dit gevaar in de droomstaat te neutraliseren.

Er bestaan ook, zoals we nu zullen zien, nachtmerries opgewekt door psychisch lijden die niet te wijten zijn aan trauma's of aan psychische erfenis, maar die innerlijke conflicten van de dromers weerspiegelen.

2) Nachtmerries over natuurrampen opgewekt door de geest

Hier treden we binnen op het terrein gereserveerd voor de dromen over rampen (natuurlijk of niet) die ongelukken met vervoersmiddelen impliceren (auto's, bussen, vliegtuigen, treinen, motors, boten, fietsen en zelfs éénwielers!), ongelukken verbonden met water (vloedgolven, lekken en overstromingen van allerlei soort, het wassen van een rivier, etc.), vernielingen verbonden met wind, oorlogen, rampen verbonden met de aarde (aardbevingen, vulkaanuitbarstingen, aardverschuivingen). Al deze soorten dromen hebben geregeld als hoofdthema schade aan het huis van de dromer. Ik heb dit deel "nachtmerries van de geest" genoemd, maar ik had het ook "psychologische nachtmerries" of "nachtmerries van de psyche" kunnen noemen, dat maakt weinig verschil!

Wat u moet onthouden is dat het psychologische gevoel van onbehagen een tendens heeft om nachtmerries over natuurrampen op te wekken die heel schokkend zijn en bijzonder verontrustend.

Men kan er een eind aan maken door een psychologisch evenwicht te vinden of terug te vinden, alleen of met externe hulp, dat om meerdere redenen verloren is. Een dagboek over dromen en werkelijkheid bijhouden kan hierbij ook helpen. Maar soms is het nodig om enkele veranderingen in uw leven aan te brengen waarvoor vaan moed nodig is: bijvoorbeeld de materiële veiligheid loslaten van een vak dat niet bij u past voor een andere die u veel beter past., ofwel een eind maken aan een liefdesrelatie die niet bij uw past, of zelfs een plaats of een land verlaten waar u zich niet prettig voelt.

Een dagboek bijhouden over dromen en werkelijkheid kan helpen om goed uw eigen psychologische terrein te kennen, en om maatregelen te nemen in het werkelijke leven om de genezing van de psyche te versnellen. Dat kan gedaan worden in combinatie met een andere therapie die daar alleen maar effectiever door zal worden.

Wanneer u uw "psychologische terrein" goed kent en het soort terugkerende nachtmerries die het veroorzaakt, zult u die nachtmerries over rampen kunnen herkennen die slechts de verbeelde enscenering zijn van een "innerlijke nachtmerrie van psychologische soort" en ze onderscheiden van echte waarschuwingsdromen. De waarschuwingsdromen worden vaak gekenmerkt door een grote emotionele rust, terwijl de nachtmerries van het psychologische type vaak gekenmerkt worden door intense emoties en door conflicten. Hier volgen enkele voorbeelden van dromen over rampen verbonden met psychologische problemen:

Ongeluk en misvorming:

Een persoon droomde regelmatig over auto-ongelukken waarin ze volledig misvormd werd. Dankzij haar dagboek over dromen en realiteit hebben we kunnen begrijpen dat deze persoon in werkelijkheid leed aan het feit dat ze niet op haar ware plaats was in de maatschappij. Dat ze een "rol" speelde zoals gewenst door haar familiemilieu door het uitoefenen van een professionele activiteit die helemaal niet bij haar paste. Haar familiemilieu had haar psychologisch "misvormd". Door het erkennen van dit psychologisch lijden kon zij maatregelen te nemen die het mogelijk maakten een leven te leven dat beter paste bij haar werkelijke behoeftes, haar nachtmerries verdwenen en haar gezondheid verbeterde.

Vloedgolf en verdrinking:

Een ander persoon droomde dat ze werd meegesleurd door een gigantische vloedgolf voordat in de werkelijkheid een intense periode begon van levensvragen, twijfel en gevoel van onbehagen.

Vliegtuigongeluk:

Een voor haar vak gediplomeerde, zeer gepassioneerde persoon die echter jarenlang werkloos bleef omdat zij geen werk kom vinden die paste bij haar competenties, wilde tenslotte een baan accepteren die zeer onder haar niveau was en die niets te maken had met haar studie en haar sociale milieu. Vlak voor het accepteren van deze baan had zij zeer vermoeiende nachtmerries waarin ze zichzelf helemaal alleen een vliegtuig zag besturen die hard op de grond verpletterde, waarbij zij het leven liet. In dit geval betrof het geen voorspellende dromen, maar dromen die aangaven dat haar psyche in nood was. Deze persoon Deze persoon was, in zekere zin, "van heel hoog gevallen" in verhouding met haar professionele aspiraties et haar dromen vertaalden op symbolische wijze de intensiteit van haar psychologisch lijden.

Een plotselinge aantasting van zekerheden, manieren van denken en gewoontes van een persoon kunnen dromen veroorzaken over aardbevingen of kunnen worden aangekondigd voordat het gebeurt door dergelijke dromen.

Ik ga niet uitweiden over dit type nachtmerries, want het is heel eenvoudig voorbeelden hiervan te vinden in boeken over psychologie. Dit zijn de types nachtmerries die het meest bestudeerd zijn door de psychotherapeuten. Trouwens, we hebben vandaag de dag de neiging om veel te vaak nachtmerries toe te kennen aan psychologische oorzaken, teerwijl de psychologische nachtmerries niet, voor de meesten onder ons, de meest gangbare nachtmerries.

Een derde oorzaak voor nachtmerries vaak per abuis toegekend aan psychologische problemen komt voor uit de energetische omgeving van de slaper.

3) Nachtmerries met vals alarm over natuurrampen verbonden met energetische verstoringen in de omgeving van de slaper:

Naast een materiële dimensie, heeft ons lichaam ook een energetische dimensie. De energiestromen gaan er doorheen en hij staat in permanente energetische uitwisseling met zijn natuurlijke omgeving en met de levende wezens die om hem heen zijn: mensen, dieren en zelfs planten. De Aarde vertegenwoordigt zelf ook een energetische dimensie. Net als de energiemeridianen door ons lichaam lopen, zo bezit de Aarde een energetisch netwerk dat door de geobiologen het Hartmann netwerk wordt genoemd. Sommige punten waar energielijnen elkaar kruisen, kunnen heel weldadig zijn voor mensen die er verblijven en hun energie-organisme opladen. Terwijl andere eenvoudigweg kunnen doden als men zich er jarenlang iedere dag en nacht aan blootstelt.

We hebben bijna allemaal iedere bewuste gevoeligheid voor dergelijke energetische verstoringen verloren en er zijn velen die denken dat het allemaal maar gekkigheid is. Toch, zelfs als we er niet in geloven, gaat ons lichaam door met het voelen van die energieën en gebruikt hij meestal onze dromen en in de ernstigste gevallen nachtmerries, om ons te waarschuwen dat er iets voor hem niet goed gaat op het energetische niveau. Door werk te verrichten met observaties van de verbanden tussen dromen en werkelijkheid, zal men al snel observeren dat een van de belangrijkste doelen van de dromen het behoud van de energie is, dat wil zeggen de vitaliteit, de groei: het leven. Sommige huisdieren hebben deze gevoeligheid voor energieën van plaatsen behouden. Katten, bijvoorbeeld, staan er om bekend dat ze zich installeren op punten van energie die schadelijk zijn voor de mens, maar niet voor hen. Ze zouden zelfs het vermogen hebben om schadelijke energieën om te vormen.

Het functioneren van dergelijke netwerken van tellurische en kosmische energieën lijkt in de oude beschavingen veel beter bekend te zijn geweest dan in de moderne tijd. De tempels, de woningen en andere gebouwen werden gebouwd rekening houdend met de energetische gegevens van het terrein. De religieuze plaatsen werden voor alles gekozen omdat ze "speciale" energetische plaatsen waren vanuit het tellurische en kosmische oogpunt. Vanwege deze energetische bijzonderheid is het in de loop van de geschiedenis vaak gebeurd dat religies, goden en riten veranderden, maar dat de plaatsen van de erediensten hetzelfde bleven.

In de moderne tijd zou het niet opkomen in de meeste westerse architecten, die vaak helemaal niets weten van het dichte energetische netwerk van de aarde en zijn effect op levende wezens, om de energetische realiteit te testen van plaatsen, zowel tellurisch als kosmisch voordat ze gebouwen maken. Trouwens, zelfs al zouden ze het willen, het lijkt of de gebruikte kennis voor het kiezen van de plaatsen voor erediensten en er tempels te bouwen, verloren is gegaan.

De tempels van het oude Griekenland, het antieke Rome en het oude Egypte werden gebouwd op hoog energetische plaatsen, net als andere oude spirituele plekken over de hele wereld. Het is werkelijk geen toeval als, vandaag nog steeds, hun overblijfselen als "magneten" zijn die menigten aantrekt die zich er nog steeds opladen zonder het te weten. Of de personen van die menigten wel of niet in God geloven of in tellurische energieën, hun lichaam waardeert het om te kunnen profiteren van dergelijke plaatsen. Wanneer de energetische eigenschappen nog intact zijn, zijn het zeer aantrekkelijke plekken waar men zich heel goed, blij en vredig voelt, want men herlaadt zich er. Al deze positieve emoties zij eigenlijk voornamelijk opgewekt door de energetische overvloed die het lichaam voelt op plekken waar het zich kan herladen met een energie van uitstekende kwaliteit.

In het Westen, in de "New Age" kringen is de Chinese kunst van Feng Shui voortaan in de mode. Deze kunst helpt om de energieën van gebouwen te beheren en te kanaliseren voor het welzijn en de voorspoed van de mensen die er wonen en werken. In Frankrijk stellen geobiologen dezelfde diensten voor die in dit geval niet Feng Shui worden genoemd, maar "energetische harmonisering" of energetische "herbalancering".

Zelfs al kunnen dergelijke praktijken, die nu nog bekend zijn, een reële verbetering van het leven brengen voor mensen die er van profiteren, lijken ze me toch niet meer dan "kruimels" van de veel diepere kennis die werd gebruikt in bijvoorbeeld het antieke China of door de priesters van het Oude Egypte.

Zelfs al is het, naar mijn weten, niet meer mogelijk om met de effectiviteit van de oude Egyptenaren te werken om gebouwen te bouwen met een hoge energetische waarde of om de energie op te hogen op sommige plekken en in sommige objecten; het is nog altijd mogelijk voor willekeurig welke persoon die de moeite neemt om zijn natuurlijke capaciteit te ontwikkelen om de energetische kwaliteit van plaatsen te voelen waar hij groeit. Dat zou geen enkele oorlog, geen enkele grote ramp, geen enkele retentie van informatie ons kunnen afnemen, want het betreft hier een natuurlijk vermogen die we allen hebben en die makkelijk ontwikkeld kan worden aan de hand van de heel eenvoudige methode zoals uitgelegd in dit boek.

Blijkbaar lijkt het dat in het oude Rome deze menselijke capaciteit al sterk was afgestompt want we weten dat de oude Romeinen de gevoeligheid van dieren gebruikten om te energetische kwaliteit te testen van plaatsen waar men wilde bouwen. We weten, bijvoorbeeld, dat de oude Romeinen een jaar lang ooien lieten leven op terreinen waar men een gebouw wilde neerzetten.

Vervolgens werden deze ooien gedood en al naar gelang de staat van hun ingewanden besloten de Romeinen om wel of niet te bouwen op het terrein waar die ooien hadden geleefd.

We worden allen, zonder uitzondering, geraakt door de energetische kwaliteit van de plaatsen waar we leven, hoe onze bewuste gevoeligheid voor de energetische kwaliteit van onze omgeving ook is. Met andere woorden, zelfs als we er niet in geloven en zelfs als we bewust niets merken van het energetische aspect van het bestaan, verhindert dat ons lichaam niet om verstoord of juist gestimuleerd te worden in zijn energetische functioneren al naar gelang de plaatsen waar we verblijven. Mensen kunnen ziek worden of zelfs sterven door een herhaalde blootstelling aan energieën die tegengesteld zijn aan het leven: bijvoorbeeld in hun slaapkamer, of op de plek waar ze werken. In Parijs is de energetische atmosfeer in sommige grote winkels compleet rampzalig voor de fysieke en psychologische gezondheid van de verkopers. Het zorgt er ook voor dat klanten die voldoende gevoelig zijn, er niet te lang te blijven, of, zoals ikzelf, er helemaal niet naar toe te gaan als het mogelijk is om datgene wat ze verkopen ook via Internet aan te schaffen. Het zijn plaatsen die bijzonder uitputtend en schadelijk zijn en toch zijn er genoeg mensen die het leuk vinden om er tijd rond te brengen en die geen ongemak ervaren!

Door mijn onderzoek heb ik kunnen observeren dat er talrijke dromen zijn over natuurrampen (die zich in werkelijkheid nooit voordoen) eenvoudigweg veroorzaakt zijn door energetische verstoringen in de kamer van de dromer. Daarom, als u terugkerende nachtmerries heeft, is het goed voor alles te verifiëren of ze veroorzaakt worden door energetische verstoringen in uw kamer. U kunt daarvoor ofwel een specialist inschakelen, die met meetinstrumenten zal komen, ofwel iemand uit uw omgeving vragen (die net als ik en talrijke anderen) dat nog heel natuurlijk aanvoelt in wakende toestand met zijn lichaam, om u te helpen. U kunt het ook zelf proberen, door de positie van uw bed te veranderen of door in een andere kamer te slapen en bij iedere verandering de kwaliteit van uw slaap te vergelijken, totdat u een herstellende slaap zonder nachtmerries hervindt.

Ik heb kunnen observeren dat, wanneer er een energetische verstoring is op de plaats waar de persoon slaapt, deze heel moe naar bed kan gaan, klaar om te gaan slapen, maar ondanks zijn vermoeidheid slaagt hij er niet in om in slaap te vallen. Vaak is dat gewoon te wijten aan het feit dat het lichaam, verstoord door de slechte energetische kwaliteit van zijn omgeving, gespannen blijft en er niet in slaagt de spieren te ontspannen, wat nodig is om in slaap te kunnen vallen. In dergelijke gevallen is het soms voldoende voor deze mensen die denken dat ze een lijder aan slapeloosheid zijn geworden als gevolg van bijvoorbeeld een verhuizing, om gewoon de positie van het bed te veranderen en een rustige en herstellende slaap terug te vinden.

Het gebeurt vaak dat mensen die op vakantie naar de bergen gaan om uit te rusten, nog vermoeider terugkomen omdat ze niet goed hebben kunnen slapen. Vaak is dat gewoon te wijten aan het feit dat het bed verkeerd georiënteerd is ten opzichte van de loop van water in de buurt van de plaats waar men probeert te slapen. Om goed te slapen in de bergen moet het bed geplaatst zijn in de richting van de natuurlijk stroom van het water van de bergstromen. Als men deze voorzorgsmaatregel neemt, is slapen vlakbij een onstuimige of een rivier aangenaam, herstellend en een weldaad, in plaats van dat het slapeloosheid veroorzaakt. Het is voldoende voor deze mensen die tijdens hun vakantie in de bergen slapeloos geworden, om naar huis te gaan om een normale slaap te hervinden.

In het omgekeerde geval, voor andere mensen, stopt de terugkerende slapeloosheid, of de weinig herstellende slaap met nachtmerries geheel en zonder aanwijsbare reden zodra ze op reis zijn. In zulke gevallen is het zeer goed mogelijk dat de oorzaak van de nachtmerries en slapeloosheid in de vaste slaapkamer van de slaper te vinden is. Het is soms voldoende om de richting van het bed en de meubels te veranderen, de spiegels te verwijderen (of ze af te dekken voor het slapengaan als u ze niet weg kunt halen), om metalen en elektrische voorwerpen weg te halen als die vlak bij uw bed staan (of zelfs in bed) opdat deze mensen een rustige slaap en betere gezondheid hervinden als zij in hun huis slapen.

Ik heb geobserveerd dat wanneer het lichaam energetisch verstoord raakt tijdens de slaap, dit vaak terugkerende nachtmerries oproept die maanden, zelfs jaren kunnen duren. Dan stoppen deze nachtmerries, hoewel de slaap steeds minder herstellend wordt en dat de periode van inslapen steeds langer en moeilijker wordt, wat soms leidt tot het nemen van slaapmiddelen of kalmerende middelen. Na een zekere tijd, variabel van persoon tot persoon, kan een ziekte zich voordoen. Die wordt zowel chronisch als niet uit te leggen uit medisch oogpunt, en leidt soms tot de dood. Er bestaan bijvoorbeeld flatgebouwen die energetisch "ongezond" zijn waarin de meerderheid van de bewoners op onverklaarbare wijze overlijden aan dezelfde ziekteverschijnselen als hun huisdieren. Michel Moine en Jean-Louis Degaudenzi geven hier schokkende voorbeelden van in hun handboek voor geobiologie, het betreft een Parijse flat, rue Blanche in Parijs, waar alle bewoners waarvan er een paar dood zijn, aangetast waren door schadelijke golven van de plaatsen, voordat men de oorzaak ontdekte en het herstelde[xxv].

in de nabijheid van uw lichaam verstoren elektrische apparaten zoals wekkers, mobiele telefoons, computers en stopcontacten, ook energie, hoewel zeer weinig mensen in staat zijn enig ongemak of onbehagen te voelen in wakende toestand.

Hoewel de energetische verstoringen die het lichaam hinderen niet bewust gevoeld worden in wakende toestand, zijn er nog velen onder ons die door ons lichaam worden gewaarschuwd voor het feit dat het energetische verstoringen ondergaat. Het geeft ons daarvoor dromen over natuurrampen of agressie om de aandacht van de bewuste geest te vestigen op de noodzaak iets te doen om de energetische integriteit van het lichaam te bewaren.

Men moet absoluut allerlei soorten elektrische apparaten vermijden vlakbij uw bed. Als het niet anders kan, haal de stekkers van de televisie en computer uit het stopcontact voordat u gaan slapen en bedek de schermen met een stuk doek, want de oppervlaktes die licht weerspiegelen in de richting van de slaper verstoren de slaap en de dromen.

Persoonlijk ben ik veel te gevoelig voor mijn energetische omgeving om te kunnen slapen met wat voor elektrisch apparaat dan ook op mijn nachtkastje of in de buurt van mijn bed! Zo kunt u zelf ook constateren door uit te proberen dat u metalen delen in uw bed (bijvoorbeeld matrassen met veren!) moet vermijden; de aanwezigheid van spiegels in uw slaapkamer; en andere dingen die u kunt opsporen door de kwaliteit van uw slaap te testen tijdens uw werk van observatie van uw dromen en uw werkelijkheid.

Een persoon die zich beklaagde over terugkerende dromen waarin hij werd aangevallen door vleermuizen die hem over het hele lichaam pikten, heeft deze nachtmerries eenvoudig kunnen laten verdwijnen door mijn raad op te volgen om een kapot elektrisch apparaat te verwijderen die op zijn nachtkastje stond, naast zijn hoofd en die zijn energie ernstig verstoorde, zonder dat hij er zich van bewust was in wakende toestand.

Vooropgesteld dat met er in slaagt om de concrete oorzaak vast te stellen, zoals u ziet, is dit soort nachtmerries een van de eenvoudigste om uit te schakelen. Het is voldoende om ergens anders te slapen, ofwel de positie van het bed te veranderen, ofwel een beroep doen op competente specialisten om de energetische kwaliteit van plaatsen te verbeteren. De rampen die in dit soort nachtmerries te zien zijn, zijn geen gebeurtenissen die daadwerkelijk in de reële wereld zullen plaatsvinden, maar waarschuwingen voor rampen die zeker zullen komen op het niveau van de gezondheid van de slaper als hij geen maatregelen neemt die nodig zijn om deze energetische verstoringen te herstellen die zijn lichaam aantasten in zijn slaap.

Door een dagboek bij te houden over droom en realiteit, op de manier zoals ik in dit boek uitleg, kunt u, voordat het te laat is voor uw gezondheid en die van uw naasten, de gevaren voor uw gezondheid opsporen die voortkomen uit uw energetische omgeving. Baby's die veel gevoeliger zijn voor hun energetische omgeving dan de meeste volwassenen kunnen veel huilen en zijn steeds ziek door de ruimte war ze moeten slapen. Het is vaak voldoende om hun wieg op een andere plek neer te zetten opdat ze zich beter voelen en ophouden met 's nachts te huilen. Het gebeurt ook dat jonge kinderen ineens angstig zijn in hun kamer door energetische verstoringen en vaak willen vluchten in de kamer van hun ouders. Soms is het alleen een schadelijke energie op sommige plekken die de bewoners angstig en nerveus maken en die hen er toe brengt om veel medicijnen te nemen terwijl het voldoende zou zijn om zich bewust te worden van de schadelijke energie van de plek waar ze wonen en die te herstellen.

Als u het werk met de dromen doet dat ik voorstel, kunt u ook de gevoeligheid voor energie van plaatsen ontwikkelen rechtstreeks in wakende toestand omdat het lichaam en het dagelijks bewustzijn de dialoog hebben hersteld. Het is heel praktisch om direct met uw lichaam de plaatsen op te sporen die niet bij u passen, zo kunt u ze meteen ontvluchten in plaats van u onnodig uit te putten. Er bestaan plaatsen die tegelijkertijd esthetisch magnifiek zijn en energetisch een ramp. Wat mij betreft staat de energetische kwaliteit in mijn keuze altijd bovenaan over het materiële aspect van plaatsen. Het ideaal is het leven in een omgeving die zowel materieel mooi en comfortabel als energetisch gezond en verkwikkend is.

Slapen op sommige plekken kan nachtmerries opwekken die te wijten zijn aan de emoties van mensen of dieren die daar eerder geleefd hebben. Zulke nachtmerries zijn het terughalen van informatie uit het verleden, ze hebben niets te maken met de dromer noch met aankomende gebeurtenissen in de werkelijkheid. Die rampennachtmerries zij gewoon gemaakt door de hersenen vanuit informatie van het type energie/emotie/informatie opgevangen door het lichaam in zijn geheel. Dit is geen toeval, aangezien er in de oude beschavingen talrijke rituelen bestonden om plaatsen te reinigen. De mensen waren op de hoogte van dit aspect van het leven. Men vermeed bijvoorbeeld om te slapen in pand gebouwd op oude abattoirs, in woningen waar misdaden hadden plaatsgevonden en andere geweldsdaden, op oude slagvelden etc. En als men niet anders kon, liet men een competente specialist komen om te proberen die plaatsen te reinigen.

Als afronding van het onderwerp nachtmerries met vals alarm voor rampen, zal ik stilstaan bij posttraumatische nachtmerries en nachtmerries over transgenerationele trauma's.

4) Posttraumatische nachtmerries en nachtmerries over transgenerationele trauma's:

Mensen die getraumatiseerd zijn door rampen die ze echt hebben meegemaakt kunnen een tijd lang in dromen scènes herhalen die hen getraumatiseerd hebben. Vervolgens zal dat vervagen, om soms opnieuw te verschijnen wanneer een gebeurtenis in het leven of gewoon een stressvolle toestand deze "pijnlijke" herinnering doet herleven. Het is duidelijk dat in zo'n geval de dromen over rampen bijna altijd vals alarm zullen zijn.

Dit soort terugkerende nachtmerrie is jammer genoeg veel moeilijker om uit te schakelen dan de andere types nachtmerries met vals alarm et ze kunnen zelfs worden overgeleverd van generatie op generatie. Zo kunnen verre afstammelingen in terugkerende dromen traumatische oorlogsscènes herhalen, natuurrampen of ongelukken die ze niet zelf hebben meegemaakt, maar waarvan de herinnering aan hen is overgeleverd door nabije of verre voorouders. In het geval van terugkerende nachtmerries over rampen, als die niet worden veroorzaakt door gezondheidsproblemen of door energetische verstoringen in de omgeving van de slaper, of door een psychologische malaise, moet men gaan zoeken aan de kant van de voorouders. Als degene die de nachtmerries heeft, gewoonlijk slaapt met iemand anders , moet men ook zoeken aan de kant van de voorouders van die persoon die hetzelfde bed deelt.

Dankzij observatie van mijn dromen en mijn werkelijkheid en ook door de observatie van vele personen, heb ik inderdaad kunnen begrijpen dat er in een stel een intense informatie-uitwisseling is, door de nabijheid van de lichamen in een zelfde bed tijdens de nacht, en ook door seksuele contacten die de energieën vermengen. Het kan soms gebeuren dat het de meest gevoelige van het stel (meestal de vrouw) is, die transgenerationele "nachtmerries heeft" in plaats van de partner. Zo ook een gezin, waar er, vanwege het gezamenlijk leven en de bloedbanden, een intense uitwisseling van informatie bestaat tussen alle leden. Vandaar het belang om te luisteren naar de dromen van alle leden van het gezin, en ook om onze huisdieren te observeren die, hoewel zij niet onze taal spreken, ook op hun eigen manier informatie aan ons communiceren die ons het leven kunnen redden.

Wanneer de transgenerationele oorzaak van de nachtmerries is vastgesteld, kan men direct in de droom handelen om de bron van dit soort traumatisme te regelen. Psychologen interesseren zich ook in deze vraag, en er zijn er velen die, over de hele wereld, zich hebben gebogen voer de vraag van de transgenerationele overdracht van psychologische traumatismes. Er is veel over te vinden op het Internet, maar het is heel goed mogelijk om zich zelf te redden door een persoonlijk werk met dromen te doen. Trouwens, andere technieken zoals hypnose of sjamanisme kunnen soms heel effectief blijken om zich te bevrijden van een transgenerationeel traumatisme. Als u besluit om het zelf te doen, zult u zien dat het simpele feit dat u zich verdiept in uw dromen, de verbanden met uw werkelijkheid observeert en de emoties van de dromen aan de oppervlakte laat komen in uw dagelijkse bewustzijn, u zal helpen om beter te begrijpen wie u bent en om uw psyche te genezen door de ware weg te vinden die u zou moeten volgen in uw leven en uw ware persoonlijkheid.

We komen nu aan het eind van de uiteenzetting voer dromen met vals alarm en hun oorzaken. Een ander element dat samengaat met alle categorieën nachtmerries (die waarover ik heb gesproken en alle andere) en die ze erger maakt en bijdraagt aan hun bestaan, is de stress in al zijn vormen.

Bijvoorbeeld, een vriend vertrouwde mij op een dag angstig toe dat zijn vrouw sinds kort elke nacht droomde dat hun twee kinderen stierven. De ene keer werden ze omvergereden door een auto, een andere keer ontvoerd en gedood, verpletterd in een ongeluk met een lift, getroffen door een dodelijke ziekte, etc. Kortom, zijn vrouw zag iedere nacht haar kinderen sterven en deze verschrikkelijke dromen maakten haar bijzonder angstig. Uiteindelijk bleek uit de context dat het slechts stressdromen waren. De droomster was bezig van baan te veranderen en zij zou nieuwe verantwoordelijkheden krijgen die haar veel stress gaven. Omdat deze mama ook heel natuurlijk bezorgd was om haar jonge kinderen, werd haar stres in haar dromen omgezet in aanvallen of ongelukken die haar kinderen betroffen. Het waren dus dromen met vals alarm over gevaren veroorzaakt door een bijzonder stressvolle situatie in de werkelijkheid. Stress wordt in een droom vaak overgedragen op dat waaraan wij ons emotioneel het meest gehecht hebben of op onze tekortkomingen en onze gewoonlijke angsten. Bijvoorbeeld, een dief zonder scrupules in wakende toestand, zou kunnen dromen dat de politie hem arresteert wanneer hij in stressvolle toestand inslaapt, een gierigaard zou kunnen dromen dat men hem zijn geld afneemt, etc.

Laten we dus tegen elke prijs stress vermijden. Laten we opwekkende middelen vermijden en leren om ons te ontspannen. Zo zullen we de nachtmerries voorkomen, die waarover ik hierboven gesproken heb en alle andere types nachtmerries die de slaap verstoren zonder rampen te verbeelden.

U heeft dus begrepen, na het lezen van dit hoofdstuk gewijd aan de dromen met vals alarm, waarom het initiatief van de oprichting van de registratiebureaus voor rampendromen gedoemd was te mislukken. Veel mensen eten slecht, leven in stress, met zorgen, en slapen in moderne gebouwen die gebouwd zijn zonder rekening te houden met de "goede energetische richting", nog daargelaten de media die ons zonder ophouden bestoken met beelden van geweld, horror, bloed en rampen. hoewel we met de energie van de droom (dat wil zeggen het leven) onze realiteit scheppen, de realiteit beïnvloed ook de droom. Daarom zal iemand die bijvoorbeeld een horrorfilm kijkt voor het slapengaan, zijn hersenen "programmeren" om over horror te dromen. Met andere woorden, hij brengt zichzelf in een energetische sfeer en in psychologische omstandigheden die horrordromen veroorzaken, in ieder geval voor de eerste uren van de nacht.

Daarom, als u uw tijd doorbrengt met het kijken, luisteren, lezen van horror in alle soorten, bereid u zich dan voor op dromen en nachtmerries die worden beïnvloed door uw activiteiten van de dag! Daarentegen weet u dus wat u moet doen om mooie dromen te krijgen, en ook om profijt te trekken uit uw slaap in plaats van hem te verspillen met smerige dromen geconditioneerd door de media!

Hersenen die zonder pauze worden gebombardeerd met informatie over rampen, zal naar alle waarschijnlijkheid rampendromen creëren. Er zijn inderdaad zoveel kant-en-klare rampen in het geheugen! Bovendien, mensen die hun hersenen volladen met audiovisuele informatie et die zich nooit een moment van stilte gunnen (waar ze vaak bang voor zijn), hebben het soort "dromen" die niet echt dromen zijn, maar een soort rest van de "digestie" van informatie van de dag, die hun hersenen hebben verzadigd. In dit geval is er zelfs eerder sprake van een permanente indigestie van informatie die de persoon berooft van zijn echte capaciteit om te dromen en van zijn mogelijkheid om in contact te treden met zijn lichaam en ook met zijn onderbewuste. Vandaag de dag lijden vele individuen zonder zich er bewust van te zijn aan een echte informatie-indigestie gemaakt van afbeeldingen en berichten over rampen, oorlogen, geweld en verschrikkingen.

Zelf heb ik al heel lang gelden maatregelen genomen die nodig zijn om mijn ware vermogen te dromen te bewaren: ik heb geen televisie meer en ik bescherm mijn psyche zo veel mogelijk tegen "informatieve kranten", en tegen films, boeken en voorstellingen die emotioneel en psychologisch ongezond zijn en die de vitaliteit verminderen en de mogelijkheden verminderen om mooie herstellende of creatieve dromen te hebben en te worden gewaarschuwd voor echte gevaren die ons bedreigen in onze omgeving! Als ik naar de bioscoop ga, is het bijna altijd in mijn dromen. De landschappen zijn er grandioos, het licht, de kleuren en de muziek ook en ik word wakker in een goed humeur en vol energie, informatie en voornemens.

CONCLUSIE

Via het kanaal van ons lichaam heeft onze psyche de mogelijkheid om toegang te krijgen tot alle informatie over zijn omgeving in de werkelijkheid. Onze bewuste geest speelt vooral de rol van filter die parameters krijgt volgens onze bewuste belangen van het moment. Als onze hersenen niet de veelheid aan informatie filterde die het permanent opvangt door ons lichaam en ons onderbewustzijn, zouden we gek kunnen worden en ook bijvoorbeeld permanent dromen over alle rampen die in de wereld plaatsvinden en die ons niet direct bedreigen.

Momenteel is het "filter" van de moderne mens extreem afgesloten voor zijn natuurlijke omgeving, waardoor er maar heel weinig informatie over de energie van plaatsen doorheen komt. Maar, gezien het feit dat we bijna allemaal groot belang hebben om in leven te blijven, kan ons "filter" door dit feit makkelijk "geherprogrammeerd" worden om belangrijke droominformatie voor ons overleven door te laten. Daarvoor is het voldoende om het werk van observatie van dromen en realiteit te doen zoals voorgesteld in dit werk.

Natuurrampen komen, uitzonderingen daargelaten, in onze dromen voor wanneer ze ons persoonlijk treffen of wanneer ze personen betreffen die in ons in affectieve zin na staan. Overal in de wereld zouden individuen hun verantwoordelijkheid moeten nemen en de moeite doen om hun droomwereld te verkennen om beter te leren communiceren met hun onderbewustzijn en met hun lichaam die er altijd zijn, als beschermengelen, om hen effectief te helpen hun leven te behouden. Wat betreft de dieren, zou het ons een grote dienst bewijzen om hen meer te oberveren, maar op het gebied van voorspelling van rampen kunnen ze nooit de hersenen van een menselijk wezen evenaren, die geleerd hebben hun droomcapaciteiten te gebruiken. Het dier lijkt inderdaad niet de capaciteit te hebben om gevaren op te sporen die geen natuurlijke oorsprong hebben, maar die voorkomen uit menselijke activiteiten. In de stad bijvoorbeeld, werkt het instinct van katten niet voor het overleven in het autoverkeer. Zo ook vluchten dieren niet voor een nucleaire ramp, terwijl een getrainde dromer voor dit soort rampen gewaarschuwd kan worden. Het lijkt me niet dat de dieren kunnen aanvoelen met hun onderbewustzijn of een vliegtuig of enig ander transportmiddel een technisch probleem heeft. Daarentegen weet ik dan een dromer die getraind is volgens de methode die ik heb uitgelegd in dit boek, zou kunnen weten voordat hij het vliegtuig neemt, of hij gezond en wel op zijn bestemming zal komen, of, bijvoorbeeld, dat er technische risico's zijn aan het vliegtuig.

Het is heel eenvoudig om dit te kunnen. Het is voldoende om een dagboek bij te houden van dromen en werkelijkheid zoals ik heb aangegeven in dit boek. Door deze oefening leert men om bekend te raken met zijn droomuniversum en om te zien hoe onze levenskracht ons de hele tijd voortstuwt in de nabije of verre toekomst. Dan is het heel eenvoudig om te weten of u op uw bestemming komt met uw vliegtuig of met uw boot. Besteed aandacht aan uw dromen voor uw vertrek (één à twee weken van te voren) en of u ziet dat in uw dromen uw leven normaal doorgaat. Bijvoorbeeld, als u begint te dromen over de plaats waar u heengaat, dingen die daar zult doen, kleding die u zult dragen en mensen die u er zult ontmoeten, dan zal uw reis goed gaan.

Ik ben heel blij dat ik met u de vruchten van mijn onderzoeken op dit gebied heb kunnen delen en ik hoop dat u dit boek interessant hebt gevonden.

Voor diegenen die verder willen gaan, organiseer ik regelmatig stages die worden aangekondigd op mijn website en ik geef ook lezingen over ander aspecten van dromen, bijvoorbeeld over dromen en innovatie.

http://www.amancini.com

Ik coach ook individueel een paar mensen per jaar voor 6 maanden tot een jaar, om ze te helpen om zich sneller en makkelijker te ontwikkelen. Ik help ook regelmatig mensen met het regelen van allerlei soorten problemen. Ik kan ook, bijvoorbeeld, verloren voorwerpen terugvinden dankzij mij dromen. U kunt mij bereiken via mijn e-mailadres:

anmancini@free.fr

P.S.: Terwijl ik dit boek afmaakte, heb ik een onderzoeker ontmoet die mij heeft verzekerd dat volgens zijn astronomische berekeningen, een grote natuurramp zal gebeuren op 6 juni 2012 vanwege de overgang van Venus en dat een derde van de wereldbevolking zal overlijden als gevolg van deze overgang. Ik heb wat onderzoek gedaan op Internet en ik heb geconstateerd dat er informatie circuleert over dit onderwerp, maar ook aankondigingen van andere natuurrampen op andere data, met name in december 2012.

Wat mij betreft, ik heb momenteel niets dergelijks gedroomd, noch in Parijs, noch tijdens mij recente reizen naar Normandië. Mijn dromen volgen hun normale loop, dat wil zeggen dat ik erin zie dat mij leven normaal doorgaat. Als een grote ramp binnenkort zal plaatsvinden en een derde van de bevolking zal meeslepen, dan zullen er velen van ons al een tijdlang dromen hebben van een heel speciale soort[xxvi] en in ieder geval een complete onderbreking van onze gewoonlijke activiteiten.

Carpe diem

ANTWOORDEN OP VEELGESTELDE VRAGEN

1: Waarom droom ik niet?

Het is wetenschappelijk bewezen dat iedereen, behalve als de integriteit van de hersenen ernstig is getroffen, droomt. Dromen is noodzakelijk voor een goede fysieke en psychologische gezondheid. Het is heel eenvoudig voor personen die denken dat ze niet dromen[xxvii] om de herinnering aan hun dromen te reactiveren. Als u problemen heeft met het herinneren van uw dromen, noteert u, bij gebrek aan dromen, uw impressies van de ochtend bij het ontwaken, uw emotionele staat. Voelt u zich triest, blij? Noteer de gedachten die in uw opkomen zodra u uw ogen opent. Natuurlijk, als u wakker wordt bij een radiowekker die "Goedemorgen Simone" schreeuwt terwijl dat niet uw voornaam is, zullen uw hersenen onmiddellijk bezig zijn met nadenken over deze onverwachte verandering van identiteit. Zo ook als u, nauwelijks wakker, mentaal of psychisch meteen overgaat op de activiteiten van de dag, zult u weinig kans hebben op het terugvinden van enkele brokken van uw dromen. Normaal gesproken is het genoeg om zich voor uw dromen te interesseren om ze zich beter te herinneren. De herinnering aan dromen zal zich snel verbeteren wanneer er een beroep op wordt gedaan en ik heb ook gemerkt dat gelijktijdig de herinnering aan de gebeurtenissen van de dag ook verbetert. Omgekeerd, als u uw herinnering in de realiteit verbetert, zal dat zeker afstralen op uw herinnering aan de dromen. Als u er werkelijk op geen enkele manier in slaagt om u uw dromen ter herinneren, dan kunt u denken aan het gebruik van het effect van training die voortkomt uit andere mensen die veel dromen en zich hun dromen herinneren. Als u tijd doorbrengt in de buurt van deze personen, zal dat bijdragen het herstarten van uw eigen "droommechaniek". Probeer het eens, wij communiceren over veel meer dingen dan we denken. Overigens, wees er zeker van, voordat u externe hulp inroept, of u wel genoeg slaapt. Als u namelijk veel te moe bent en alleen zo lang slaapt als strikt noodzakelijk voor uw fysieke herstel, heeft u weinig kans op een goede herinnering aan uw dromen. Als dat het geval is voor u, probeer uw slaap te verlengen. Voor het slapen gaan kunt u ook aan u zelf vragen of u wilt dromen en u uw dromen wilt herinneren. Dat werkt heel goed. U kunt ook 's avonds lichter eten of van kamer wisselen. Ik heb tijdens mij onderzoek geobserveerd wat het effect is van kristallen op het droomproces en op de slaap, dat het neerzetten van een mooi stuk kwartskristal onder het kussen een versterkend effect heeft op de herinnering aan dromen. Het maakt ze ook duidelijker en helderder. Het is een eenvoudige test om te doen en zonder gevaar. Andere middelen worden genoemd in werken over dromen waarvan ik hier enkele noem (waarvan ik niet de noodzaak heb gehad ze te testen):

In een boek over de yoga van dromen: het is aan te raden meer lucht en/of licht toe te laten in de ruimte waar u slaapt; om een rode bol te visualiseren ter hoogte van de keelchakra; of een witte parel op het voorhoofd.[xxviii]

In een boek over de heldere droom: het wordt aangeraden om een supplement vitamine B6 te nemen en nootmuskaat te gebruiken in uw culinaire voorbereidingen. Dit boek raadt ook het gebruik aan van een kussen gevuld met alsem (*artemisia vulgaris*) of het gebruik van essentiële olie van salie, die hypnotische eigenschappen heeft. Deze olie mag niet worden gebruikt wanneer u alcohol heeft gebruikt of tegelijk met het kussen gevuld met alsem, Bovendien moet dit kussen niet gebruikt worden door zwangere vrouwen, want deze plant bevat een bestanddeel dat miskramen kan bevorderen.[xxix]

In een boek over de decodering van dromen geschreven door een psycholoog[xxx]: we lezen hier dat de motivatie zeer belangrijk is, dat een zware en vette voeding, tabak, alcohol en kalmerende middelen moeten worden vermeden. De auteur signaleert ook het probleem van de ochtendwekker, die u plotseling wakker maken waardoor u uw dromen vergeet. Als hulp raadt het boek de methode van het glas water aan. Zo werkt het: 's avonds zet u een glas water op uw nachttafeltje en voor u gaat slapen drinkt u een beetje, terwijl u tegen uzelf zegt dat u, wanneer u de volgende ochtend de rest drinkt, u uw dromen zult herinneren. De auteur citeert bovendien enkele bloemenelixers die u kunnen helpen (braam, vergeet-me-nietje, oranjebloesem, appelbloesem). Ze schrijft dat het elixer Chaparral van laboratorium Deva[xxxi] helpt om onderdrukte emoties op te roepen. Ze noemt ook de bloesemremedies van dr. Bach. Al deze bloesemremedies, zonder bijwerkingen, kunnen heel nuttig zijn, toch zijn ze niet absoluut noodzakelijk. U droomt van nature en u kunt het zich uw dromen ook op natuurlijke manier herinneren.

In een boek over de droomcreativiteit: het wordt aangeraden om onbeweeglijk te blijven liggen met gesloten ogen wanneer u wakker wordt en te proberen zich de dromen te herinneren. Daarna wordt aangeraden in bed de positie van uw lichaam te veranderen. De verandering van de positie van uw lichaam roept vaak de herinnering van dromen op. Dit advies wordt gegeven door Patricia GARFIELD in haar boek *Creative Dreaming*[xxxii]

In het boek van Hervey de Saint Denys over de helderheid van dromen, vindt men een heel ingenieus middel, dat wel moeilijk toe te passen is om bij mensen de herinnering aan hun dromen terug te brengen. Ik citeer[xxxiii] de auteur:

Een boezemvriend, met wie ik een tamelijk lange reis gemaakt heb en die zich voor mijn onderzoeken interesseerde, was er absoluut van overtuigd in zijn eerste slaap nooit een droom te hebben. Diverse keren had ik, enige tijd nadat hij was gaan slapen, hem gewekt en altijd had hij mij in alle oprechtheid verzekerd dat hij zich geen enkele droom kon herinneren. Op een avond, ongeveer een half uur nadat hij aan het slapen was, naderde ik zijn bed en zachtjes fluisterde ik enkele militaire commando's: Op de schouder het geweer! Presenteer het geweer! enz. en ik maakte hem zachtjes wakker.

«En», zei ik tegen hem, «heb je deze keer weer niets gedroomd?

—Niets, absoluut niets dat ik weet.

—Ga goed bij jezelf te rade.

—Dat doe ik, maar ik vind niets dan een complete periode van lethargie.

—Ben je heel zeker », vroeg ik vervolgens, «dat je geen soldaat gezien hebt....»

Bij het woord soldaat, onderbrak hij mij, alsof hij door een plotselinge herinnering getroffen werd. «Dat is juist, dat is juist! », zei hij tegen mij, «ja, ik herinner het mij nu; ik heb gedroomd dat ik bij een parade aanwezig was. Maar hoe heb jij dit kunnen raden?»

Ik vroeg hem toestemming om mijn geheim te mogen bewaren totdat ik het experiment herhaald had. Deze keer mompelde ik in zijn nabijheid lichtjes enkele termen uit de paardensport en zodra hij wakker geworden was, ontspon zich tussen ons een bijna identieke conversatie. In eerste instantie kon hij zich in het geheel geen droom voor de geest halen; op mijn aanwijzing herinnerde hij zich vervolgens datgene wat mijn woorden opgeroepen had; en, meegenomen door dat spoor der herinneringen, wist hij zich bovendien de voorafgaande visoenen te herinneren, waarvan mijn interventie het verloop verstoord had.

Korte tijd na dit tweede experiment voerde ik, met niet minder succes, nog een derde uit. In plaats van het woord als middel tot beïnvloeding van mijn reisgenoot te gebruiken, bediende ik mij van het lichtjes schudden van rinkelbelletjes, waardoor het geluid het idee deed postvatten dat wij onze reis in een postkoets, welke de doorgaande wegen bereisde, voortzetten.

2: Hoe kan ik mijn dromen interpreteren?

Stel uzelf, in het begin van de ervaring, tevreden met het maken van notities over uw dromen en uw realiteit op de manier die ik in dit boek aanbeveel. Probeer niet in al het begin uw dromen te interpreteren, u zult ze veel makkelijker begrijpen na een poosje, want, door dit eenvoudige werk van neutrale observatie te doen, verbetert u automatisch de communicatie tussen uw onderbewustzijn, uw lichaam en uw bewuste geest. De verbetering van deze communicatie brengt een verbetering teweeg van de energetische circulatie in uw lichaam. Na een tijdje[xxxiv], wanneer u genoeg observaties hebt verzameld, is het genoeg om in één keer uw gegevens te herlezen. U zult dan zien dat dezelfde onirische symbolen verschijnen in verband met een zelfde realiteit en dat zal het mogelijk maken om de precieze betekenis van uw eigen onirische symbolen te herleiden. Bijvoorbeeld, toen ik student was en ik als uitzendkracht, correspondeerden de dromen over het verlies van schoenen met het voortijdige en rationeel onvoorziene einde van mijn opdrachten als uitzendkracht in de werkelijkheid. Terwijl de dromen waarin ik mezelf een enorme hoed zag dragen, mij banen op een hoger intellectueel niveau aankondigden. Dankzij dit fenomeen kunt u het merendeel van uw dromen begrijpen, op en veel betrouwbaarder manier dan met alle andere methoden van droominterpretatie die over het algemeen worden gebruikt.

Zoals u vast en zeker begrepen heeft, speelt de omgeving van de dromers een grote rol in de inhoud van de dromen, daarom, om ze correct te kunnen interpreteren, kan men geen genoegen nemen met het simpele verhaal van een droom, of zelfs van een serie dromen zonder de context en de gewoontes van de dromer te kennen. Om de moeilijkheid van de interpretatie te illustreren als met geen informatie heeft over de realiteit van de dromer, zal ik vertellen over de volgende droom uit mijn dagboek over dromen en die ik, ondanks mijn ervaring, niet heb begrepen op het enkele elementen uit de realiteit had verkregen. Dit is hem:

"Vannacht heb ik een grappige droom gehad. Ik was in een park met mooi groen gras en de planten bloeiden volop met bloemen in de vorm van een kubus. Het waren kubussen van alle kleuren. Ik was heel verbaasd dat de natuur zulke bloemen in de vorm van een kubus had kunnen maken, die ik nog nooit gezien had en ik keek er geamuseerd naar."

Probeer deze droom eens te interpreteren? Ik heb het zelf niet geprobeerd, ik wist dat ik het antwoord op een andere manier zou krijgen. Inderdaad, nadat ik de droom had genoteerd, voelde ik een sterke behoefte om naar de tuinen van de Campus in Parijs te gaan. En zie hier, verrassing! In de tuin was een zeer originele artistieke expositie georganiseerd: "cadeaus" in alle vormen en kleuren waren tentoongesteld in het park. Daar was het antwoord dat ik zocht, mijn onverklaarbare droom informeerde me gewoon over wat er gebeurde in mijn nabije omgeving, aangezien ik in de buurt van de Internationale Wijk woonde. Maar bij de overgang van mijn onderbewuste naar mijn bewuste door het kanaal van de dromen, was de informatie die ik had opgevangen uit mijn omgeving een beetje "gearrangeerd" om zich "aan te passen" aan mijn mentale deel: cadeaus van karton in alle kleuren waren omgevormd in ontluikende bloemen in planten.

De boodschap van dromen is vaak getransformeerd met betrekking tot de werkelijkheid die onderbewust is opgevangen. Bijvoorbeeld, als u in de droom informatie opvangt over een persoon die u nog niet kent, zal deze persoon in uw droom vaak het uiterlijk hebben van iemand die u wel kent en met wie de onbekende overeenkomsten vertoont. Gelukkig bestaan er ook veel heel heldere dromen die geen interpretatie nodig hebben. Bijvoorbeeld, u kunt dromen over een vraag die een collega op het werk u stelt en inderdaad, deze persoon stelt u dezelfde vraag de volgende dag, of een week later. Dit soort dromen is bijzonder veel voorkomend.

Na ongeveer een jaar van observatie van uw dromen en uw werkelijkheid, zou u 90% van uw onirische symbolen kunnen ontcijferen op een betrouwbare en precieze manier. U zult dan de nutteloosheid van droomwoordenboeken begrijpen. In werkelijkheid heeft iedere persoon een onirische taal die geheel persoonlijk is en die het resultaat is van de manier waarop zijn hersenen zijn geprogrammeerd in de eerste jaren van zijn leven. Alleen een persoonlijk werk in de diepte zal het mogelijk maken om uw eigen onirische code te ontcijferen en om u effectief te kunnen bedienen van uw mogelijkheid tot dromen. U zult zien dat tijdens uw leven, uw onirische symbolen relatief stabiel blijven. Dat betekent dat u het maximum van u onirische taal in de eerste jaren van uw werk zult leren. U zult vervolgens van tijd tot tijd andere nieuwe symbolische betekenissen leren wanneer nieuwe symbolen gebonden aan nieuwe reële situaties zich aandienen. Dat kan worden vergeleken met het aanleren van de moedertaal. Wij leren de essentie in de eerste levensjaren.

Als een nieuw onirisch thema verschijnt in uw dromen, en u wilt niet wachten om de betekenis van de droom te begrijpen, kunt u uzelf helpen met alle adviezen die door talrijke auteurs, waarvan de meerderheid psycholoog is, gegeven worden. U kunt bijvoorbeeld de techniek van het interview gebruiken van Gale Delaney.[xxxv] Robert Moss stelt voor om terug te gaan in de droom en hem te herleven.[xxxvi]

Ik wil opnieuw benadrukken dat u vooral niet moet vertrouwen op droomwoordenboeken of andere droomsleutels om u te helpen, ze zullen u de verkeerde kant op sturen en u angstig maken. Ze staan vaak vol bijgeloof en kunnen soms erg negatief zijn. Ik heb ook gemerkt in de loop van cursussen die ik geef, dat mensen die al jarenlang de gewoonte hadden om een naslagwerk voor interpretatie van dromen te gebruiken hun hersenen hadden geprogrammeerd conform de inhoud van hun naslagwerk. Daardoor beperkten ze drastisch hun toegang tot het informatieveld dat op een natuurlijke manier open is wanneer men dromen en realiteit observeert met de neutraliteit van een onderzoeker.

Probeer, in plaats van droomsleutels te gebruiken, uw dromen te begrijpen in relatie met de werkprocessen in de natuur. In de loop van mijn onderzoeken heb ik kunnen constateren dat het onderbewustzijn sterk verbonden is met de natuur, dat het meestal de "taal van de natuur" spreekt en dat veel symbolen kunnen worden begrepen in referentie met de natuur en haar functioneren. Bijvoorbeeld, in een droom, betekent een groeiende plant de groei van iets in uw psyche of soms in uw portemonnee of in uw gevoelens. Het water, dat leven geeft, is vaak synoniem voor energie, en waterstromen laten energiestromen zien aan de dromer, etc. vanuit dit oogpunt is een symbolenwoordenboek een goed werktuig. In de Franse taal kunt u het *Dictionnaire des Symboles* van Jean Chevalier et Alain Gheerbrant gebruiken [xxxvii].

Tot slot, wanneer u uw dromen wilt interpreteren, luister goed naar uw intuïtie en besteed veel aandacht aan de beleefde emoties tijdens uw droom. Zij zijn bepalend voor het begrip van de betekenis van een droom. Voor mij is het hoofdzakelijk de intuïtie die me leidt wanneer iemand me vraagt een droom te interpreteren. Soms krijg ik intuïtief meteen de het antwoord, andere keren laat mijn intuïtie me gepaste vragen stellen over de omgeving van de dromer. Nog weer andere keren voel ik intuïtief dat de droom niet de persoon betreft die hem vertelt en niet als zodanig geïnterpreteerd kan worden. Het gebeurt ook wel dat ik droom over een droom die men me gaat vertellen en over zijn interpretatie voordat ik zelfs de personen die me de dromen vertellen, in werkelijkheid ontmoet heb. Dat overkomt me vaak als in op reis ben, omdat ik dan in een trein, een vliegtuig, in een park of een restaurant, de onbekende ontmoet die gewoonlijk geen enkele aandacht aan zijn dromen besteed, maar die een onweerstaanbare behoefte voelt om mij een droom te vertellen die vele indruk op hem gemaakt heeft en om me te vragen wat ik er van denk, hoewel hij/zij niet weet dat ik me zo in dromen interesseer! In dergelijke gevallen betreft het een voor de betreffende persoon een heel belangrijk bericht dat zijn onderbewustzijn hem heeft willen overbrengen. Maar omdat het niet rechtstreeks kon, heeft het in de droomwereld deze ontmoeting georganiseerd die in de werkelijkheid "bij puur toeval" lijkt plaats te vinden.

3. Kan met tijdens de dromen informatie opvangen afkomstig van plaatsen of personen ver weg?

Het antwoord is: ja. Maar ik kan u geen wetenschappelijke verklaring geven voor dit fenomeen dat echter wel heel natuurlijk en veelvoorkomend is. Ik heb tijdens al mijn studies gezien dat mijn lichaam informatie kon opvangen afkomstig van mensen die ver weg waren. Ik heb bijvoorbeeld, toen ik in Parijs was, heel precieze informatie gedroomd over een gebeurtenis die in China, vlakbij Sjanghai plaatsvond en die een dierbare Chinese vriend betrof. Ik droom regelmatig over informatie die een vriendin betreft die in New York woont en die ik telefonisch of via e-mail met haar kan verifiëren.

Het gebeurt me ook heel regelmatig dat ik mezelf "in dromen projecteer" naar onbekende plaatsen, waar ik nog naar toe moet. Ik krijg informatie binnen over deze plaatsen en de mensen die er wonen, voordat ik er heen ga. Mijn dromen maken het daardoor mogelijk dat ik mijn reizen goed kan voorbereiden en signaleren eventuele gevaren.

Ik heb kunnen observeren dat ik geen informatie opvang over zaken waar ik geen belang bij heb of die geen psychologische affiniteit met mij hebben. In droomstaat telt geologische afstand niet meer voor toegang tot informatie. Wat belangrijk is, dat is de wet van de aantrekkingskracht, die van de affiniteiten, aantrekkelijkheid en centra van belang.

In droomstaat speelt de wet van aantrekkingskracht door affiniteit (wat op elkaar lijkt, komt samen) een belangrijke rol in het opvangen van informatie afkomstig van verre plaatsen of personen. Toch zullen, terwijl u informatie opvangt afkomstig van plaatsen of personen ver weg, uw directe omgeving en uw eigen informatiesfeer de informatie die u van ver opvangt "kleuren" en soms vervormen. Sommige types informatie en energieën zullen door u aangetrokken worden in functie van uw centra van belang, van uw energieniveau en ook van objecten die om u heen staan daar waar u slaapt. Als u bijvoorbeeld slaapt met vlak bij u een voorwerp dat van een dierbare is geweest die op reis is, zult u zeer waarschijnlijk informatie opvangen die deze persoon betreffen want u slaapt met vlak bij u een voorwerp dat van hem is geweest en die dus is geladen met zijn energetische informatie. Het gebeurt heel vaak dat ik droom van mensen die mijn boeken over dromen lezen en om met hen te communiceren over dit onderwerp.

Talrijke spirituele tradities hebben het feit genoemd dat terwijl we slapen we uit ons lichaam kunnen treden, reizen, mensen ontmoeten en zaken regelen etc. U kunt zelf verifiëren door observatie van het droomproces dat het een veelvoorkomend fenomeen is. Als dit verschijnsel zich voordoet, zult u merken dat hoewel u buiten uw lichaam bent, deze doorgaat met actief informatie opvangen die u zult blijven ontvangen alsof u tegelijkertijd in als buiten uw lichaam bent.

Het is ook mogelijk uit uw lichaam te treden vanuit wakende staat met het gebruik van bijzondere technieken. Er bestaan heel interessante boeken over dit onderwerp waarin methodes worden uitgelegd om vrijwillig uit het lichaam te treden vanuit wakende staat. Sommige auteurs vinden deze praktijken vrij van gevaar, maar dat is niet de mening van alle auteurs. Ik vind alle onderzoeken over uittredingen in wakende staat heel boeiend, maar wat mij betreft treed ik liever uit mijn lichaam in droomstaat, want dat gaat op een natuurlijke manier, wanneer we de energie en de rust hebben om het te doen, en het is absoluut niet gevaarlijk.

Bibliografie

Recente werken over dromen:

Sjamanistische benadering:

MOSS Robert, *Dreaming True, How to Dream Your Future and Change Your Life for the Better*, New York, Pocket Books, 2000. Nederlandse uitgave: *Droom Bewust*, Altamira-Becht, 2006

www.mossdreams.com

Benadering vanuit Yoga:

NORBU, NamKhai, *Droomyoga en de beoefening van het natuurlijke licht*, Altamira-Becht, 1997

In de tantra van de droom is het doel de voorbereiding op de overgang naar de dood. Deze benadering raadt af om de nadruk te leggen op de analyse van dromen en op fenomenen zoals telepathie of kennis van de toekomst die voorkomen in de droomstaat. Ze beweert dat de ontwikkeling van het geweten leidt tot de totale onderdrukking van dromen.

Psychologische benadering:

DELANEY Gale, *All About Dreams, Everything You Need to Know About Why We Have Them, What*

They Mean, and How To Put Them to Work for You, New York, HarperCollins, HarperSanfrancisco, 1988.

Open psychologische benadering van dromen. Het betreft een heel complete werk die een inventaris maakt van alle theorieën over dromen vanaf de antiquiteit en over de hele wereld. De complete en kritische studie van de geschiedenis van de psychoanalytische benadering van dromen is heel interessant.

SALVATGE Geneviève, *Décodez vos rêves*, Paris, Presses Pocket, 1992

Religieuze benadering van de droom :

KELSEY Morton, *Dreams: A Way to Listen to God*, New York/Mahwah, Paulist Press, 1989

Dit boek geschreven door een dominee met een open geest is heel interessant vanwege de kritiek op de houding van de christelijke kerk in de loop van de geschiedenis ten opzichte van de droom. Het is ook heel interessant door voorbeelden van dromen die de dood aankondigen.

Benadering door technieken van controle over dromen, heldere dromen:

LABERGE Stephen and RHEINGOLD Howard, *Exploring the World of Lucid Dreaming*, New York, Ballantine Books, 1992.

LABERGE Stephen, *Le rêve lucide: le pouvoir de l'éveil et de la conscience dans vos rêves*, (vertaling van *Lucid Dreaming*), île Saint-Denis, Editions Oniros, 1991.

DEVEREUX Paul and DEVEREUX Charla, *The Lucid Dreaming Book, How to awake within, control and use your dreams*, Boston, Tokio, Journey Editions, 1998.

CASTANEDA Carlos, *L'art de rêver*, Paris, Pocket Age d'être, 1996.

Deze bekende auteur heeft veel succes gekend, maar zijn boeken zijn niet altijd eenvoudig te begrijpen, nog daargelaten dat de belangrijke informatie verdrinkt in een grote hoeveelheid tekst. Men leest beter de volgende auteur die een uitstekende synthese van de belangrijkste informatie heeft geschreven betreffende de kunst van dromen, zoal sin het werk van Castaneda staat: Les Enseignements de Don Carlos, Applications pratiques de l'Oeuvre de Carlos Castaneda, Victor Sanchez, Editions du Rocher, 1992

<u>Wetenschappelijke, biologische benadering van de droom:</u>

Voor Frankrijk, zie de website van de Universiteit van Lyon 1: http://sommeil.univ-lyon1.fr/index_f.html

JOUVET Michel, *Le sommeil et le rêve*, Paris, O. Jacob, 2000.

WOODS Ralph L. and GREENHOUSE Herbert B., Editors, *The New World of Dreams*, New York, Macmillan Publishing Co, inc., 1974.

In dit boek vindt u vele artikelen geschreven door wetenschappers die de slaap, de cycli, de effecten van drugs, medicamenten, alcohol en opwekkende middelen op het onirische proces, de effecten van slaapgebrek bij mens en dier, of het gebrek aan de REM-cyclus op de slaap hebben bestudeerd.

MAGAÑA Sergio, 2012... e poi? L'alba del Sesto Sole, La via di Quetzalcoatl secondo il Calendario tolteco-mexica, Edizioni Amrita, Giaveno (TO), Italie, 2011

Deze Mexicaanse sjamaan leert de kunst van het dromen volgens de traditie van de oude Mexicanen.

http://www.concienciadimensional.com/en/members.html

<u>Voor een samenvatting van de talrijke benaderingen van dromen:</u>

GARFIELD Patricia L., *La créativité onirique, du rêve ordinaire au rêve lucide*, (Oorspronkelijke titel: *Creative Dreaming*), Paris, J'ai Lu, 1974.

COXHEAD David et HILLER Susan, *Les rêves visions de la nuit*, Paris, Seuil, 1976 (vertaling van: *Dreams, Visions of the Night*).

Oude auteurs en «klassieke» literatuur over dromen :

ARISTOTELES, *Over het geheugen, de slaap en de droom*, Historische Uitgeverij Groningen, 2003

ARTEMIDORUS VAN DALDIS, *Dromenboek*, Uitgeverij Voltaire, 's Hertogenbosch, 2003

FREUD, Sigmund, *De Droomduiding*, Uitgeverij Boom, 2009 (vertaling van *Über Den Traum,* geschreven in 1901)

JUNG Carl Gustav, *Herinneringen Dromen Gedachten*, Lemniscaat, 1991

D'HERVEY DE SAINT-DENYS, *Dromen, praktische observaties*. Dit boek bevat observaties van de auteur over zijn eigen ervaringen met lucide dromen. Nederlandse uitgave te downloaden via:

http://members.casema.nl/carolusdenblanken/Downloads/Saint-Denys%20-%20Dromen%20practische%20observaties.PDF)

Werken over wetenschappelijke proeven bestemd om het bestaan van telepathie in dromen, in hypnotische en in wakende toestand te bewijzen

WOODS Ralph L. and GREENHOUSE Herbert B., Editors, *The New World of Dreams*, New York,

Macmillan Publishing Co, inc., second printing 1974, p. 273 et ss et p. 405 et ss.

DOSSEY, Larry, *Reinventing Medicine: Beyond Mind-Body To A New Era Of Healing*, New York, Haper Collins, 1999 vertelt in de eerste hoofdstukken over alle wetenschappelijke proeven die in de Verneigde Staten uitgevoerd zijn, soms door prestigieuze instellingen zoals de Universiteit van Harvard, in Boston.

OVER DE AUTEUR VAN DIT BOEK

Anna Mancini, Française van Italiaanse afkomst, woont in Parijs en is schrijfster, coach en geeft lezingen. Geïnspireerd door haar familiecultuur is zij zich al heel jong gaan interesseren in dromen.

Later, toen zij bezig was met haar proefschrift over het octrooirecht, veranderde haar leven door een belangrijke droom. Die bijzondere en zeer heldere droom geeft haar de oplossing van een raadsel uit het oude Romeinse recht[xxxviii], dat talrijke onderzoekers over de hele wereld niet hebben kunnen oplossen.

Tegen alle verwachting in krijgt deze ontdekking, waarvan zij de onirische oorsprong niet noemt, geen enthousiaste ontvangst in de universitaire wereld, maar wordt zij verstoten van de universiteit en wordt zij uitgesloten van een carriere als jurist door haar scriptiebegeleider. Zo komt het dat zij er voor kiest om zich helemaal toe te leggen op het onderzoek en proefnemingen van het droomproces.

Jarenlang heeft zij dromen, maar ook dromers geobserveerd en heeft ze proeven gedaan om te begrijpen wat de invloed is van de omgeving en de manier van leven op de inhoud van de dromen. Voor haar onderzoeken heeft ze ook gebruik gemaakt van oude en miskende leringen over de menselijke geest die aan ons zijn overgeleverd in de overblijfselen van oude juridische systemen.

Danzkij deze originele manier van werken met dromen en met behulp van haar eigen dromen die haar begeleid hebben tijdens haar onderzoeken, is zij er in geslaagd:

- een vernieuwende en effectieve methode voor de interpretatie van de droomtaal te ontwikkelen;

- een techniek die het mogelijk maakt om vragen te stellen aan ons onderbewuste en om daar antwoorden van te krijgen op ieder mogelijk gebied;

- begrijpen wat de beste en de slechtste omstandigheden zijn voor het krijgen van creatieve dromen;

- en vele andere zaken die het wakende leven makkelijker maken en de vitaliteit van de dromers verbetert.

In 1995 heeft zij de onderzoeksorganisatie Innovative You opgericht, gevestigd in Parijs, waar zij met anderen heeft kunnen experimenteren met de technieken om met dromen te werken die zij heeft ontwikkeld na langdurige persoonlijke onderzoeken.

Anna Mancini heeft veel boeken geschreven waarvan u een overzicht kunt vinden op haar internetsite

www.amancini.com

Zij geeft workshops, houdt lezingen en coacht ook mensen zodat ook zij zelf hun dromen leren gebruiken om alle aspecten van hun leven te verbeteren en ook om creatiever te worden. Zij geeft les in haar technieken in creatief dromen in Frankrijk en in het buitenland, met name op onderzoeks- en innovatieafdelingen van bedrijven.

Als u gecoacht wilt worden, een lezing, een workshop of een opleiding over dromen wilt organiseren, neem dan contact op met de auteur: amancini@free.fr

Lezingen, workshops en onderwijs van Anna Mancini worden regelmatig aangekondigd op het blog van haar persoonlijke site, waar u zich op kunt abonneren.

OVER DE ILLUSTRATRICE VAN DE OMSLAG

Cristiane Mancini is geboren in Brazilië. Ze woont in Sao Paulo, waar ze werkt als illustratrice. Cristiane is de nicht van de auteur van dit boek. Ze is een getalenteerd artiest in hart en nieren en houdt van het illustreren van allerlei soorten boeken en omslagen. Ook maakt ze ook logo's en andere reclametekeningen.

Ze heeft al talrijke boeken geillustreerrd, waaronder kinderboeken zoals "Fada Helena Boazinha" (Karen Vogel Camargo/ Uitgeverij Núcleo Paradigma) en "A ilha encantada das Marias sem vergonha/ Busy lizzy´s enchanted island". (Manuela Viera do Amaral/ Uitgeverij Panamby Bilingual School See Saw).

OVER DE VERTAALSTER

Krista Roest heeft een Master in Romaanse Talen en Culturen. Na haar studie heeft zij veel werkervaring opgedaan in het bedrijfsleven. Op het moment dat het werk niet meer te combineren viel met haar gezinsleven, is ze zich gaan concentreren op freelance vertaalwerk. Zij is gespecialiseerd in wetenschappelijke artikelen over psychologie, religie en esoterie, maar vertaalt ook werk voor het bedrijfsleven, zoals nieuwsbrieven, algemene voorwaarden en juridische stukken.

U kunt contact met haar opnemen via k.roest.hansma@gmail.com

[i] We kunnen ook veel andere dingen doen met onze dromen, bijvoorbeeld onze creativiteit ontwikkelen of beter onze gezondheid beheren zoals ik uitleg in mijn boek *De betekenis van Dromen* en tijdens mijn trainingen en opleidingen.

[ii] http://heavenawaits.wordpress.com/frogs-predicting-earthquakes/

[iii] http://www.allvoices.com/contributed-news/5542154-is-frog-species-have-earthquake-forecast

[iv] Aardbeving van Aquila, Italie http://www.guardian.co.uk/science/2010/mar/31/toads-detect-earthquakes-study

[v] http://weblog.sinteur.com/2004/12/tsunami-kills-few-animals-in-sri-lanka

[vi] Oorspronkelijke Duitse titel: *Gespräche mit Goethe*

[vii] Andere voorbeelden worden geciteerd op deze site: http://www.answers.com/topic/earthquake-prediction#ixzz1oYvA9qYs

[viii] Your dreams and what they mean, Nerys Dee, p. 28

[ix] http://fr.wikipedia.org/wiki/Calpurnia_Pisonis

[x] P. 116-117, Originele tekst: "About ten days ago, I retired very late. I had been up waiting for important dispatches from the front. I could not have been long in bed when I fell into a slumber, for I was weary. I soon began to dream. There seemed to be a death-like stillness about me. Then I heard subdued sobs, as if a number of people were weeping. I thought I left my bed and wandered downstairs. There the silence was broken by the same pitiful sobbing, but the mourners were invisible. I went from room to room; no living person was in sight, but the same mournful sounds of distress met me as I passed along. I saw light in all the rooms; every object was familiar to me; but where were all

the people who were grieving as if their hearts would break? I was puzzled and alarmed. What could be the meaning of all this? Determined to find the cause of a state of things so mysterious and so shocking, I kept on until I arrived at the East Room, which I entered. There I met with a sickening surprise. Before me was a catafalque, on which rested a corpse wrapped in funeral vestments. Around it were stationed soldiers who were acting as guards; and there was a throng of people, gazing mournfully upon the corpse, whose face was covered, others weeping pitifully. 'Who is dead in the White House?' I demanded of one of the soldiers, 'The President,' was his answer; 'he was killed by an assassin.' Then came a loud burst of grief from the crowd, which woke me from my dream. I slept no more that night; and although it was only a dream, I have been strangely annoyed by it ever since."

[xi] *Paranormale verhalen van de Titanic*, Bertrand Méheust, J'ai lu, 2006

[xii] The New World of Dreams, Woods And Greenhouse, p. 86 ; Zie ook de site: http://www.metapsychique.org/Prevision-de-desastres.html; Zie ook het artikel gepubliceerd in British Journal of the Society for Psychic Research (vol. 44), 1967

[xiii] Volgens de verschillende spirituele tradities die dit fenomeen ook hebben geobserveerd, zouden we ook kunnen zeggen : door hun aura's of door hun subtiele of etherische lichamen, etc. Maar in dit werk houden wij ons liever aan een niet-religieuze vocabulaire, opdat dit boek door iedereen gebruikt kan worden, zij die wel en zij die niet in God geloven.

[xiv] Sommige spirituele tradities leren dat de mens informatie opvangt door zijn aura of zijn etherische lichaam. Dit fenomeen, voor zover men er aandacht aan besteed, geeft het gevoel alsof je een tweede huid hebt op een variabele afstand

variërend van een paar centimeter tot meerdere meters afhankelijk van de persoon. Vervolgens moet het alsnog door het materiële lichaam heen om de informatie naar het dagelijks bewustzijn te laten stromen via de hersenen, door het kanaal van de dromen en de intuïtie.

[xv] *De betekenis van dromen*, Anna Mancini, Uitgeverij Buenos Books International, Parijs (het betreft de tweede editie van De intelligentie van dromen). Dit werk is ook vertaald in het Italiaans, Engels en Spaans.

[xvi] Hervey de Saint Denys, *Dromen en manieren om ze te sturen*, Uitgeverij Buenos Books International, www.buenosbooks.fr

[xvii] Robert Moss, *Waar dromen, Hoe u de toekomst kunt dromen en het leven ten goede veranderen*, Pocket Books, New York, 2000

[xviii] Acupunctuur is zeer doeltreffend tegen depressie en heeft niet de bijwerkingen van medicijnen

[xix] *Getuigenis over de heilzame invloed van de darmhygiene*, Laure Goldbright, Buenos Books International, Parijs. Ook beschikbaar als e-book

[xx] http://www.atlasprofilax.ch

[xxi] Of ook onbeheersbare overstromingen van wasbakken, baden, wasmachines in huis, kranen etc.

[xxii] Ancelin Schützenberger Anne, *Aïe mes aïeux!*, Parijs, Desclée de Brouwer, 1999, p. 15.

[xxiii] Ancelin Schützenberger Anne, op. ci., p. 64.

[xxiv] *Aïe mes aïeux!*: Transgenerationele banden, familiegeheimen, verjaardagssyndroom, overdracht van trauma's en praktijk van het genosociogram, Uitgerij Desclée de Brouwer, 1998, Anne Ancelin Schützenberger

[xxv] *Manual de Energias Teluricas, Experimentos Energéticos Par Vivir Mejor*, Michel Moine y Jean-Louis Degaudenzi, p. 51. Titel van de Franse uitgave : *Guide de Géobiologie*,

Uitgeverij Christian de Bartillat, 1993. Niet in het Nederlands uitgegeven.

[xxvi] U vindt in dit werk voorbeelden van mensen die de dood naderen: KELSEY Morton, *Dreams: A Way to Listen to God*, New York/Mahwah, Paulist Press, 1989.

[xxvii] En die geen medicijnen gebruiken die de mogelijkheid tot dromen verhinderen.

[xxviii] Zie : NORBU, NamKhai, *Le Yoga du Rêve*, op.cit. p.75 Nederlandse uitgave : *Droomyoga en het natuurlijke licht van de nacht*, Altamira, Heemstede, 1997

[xxix] DEVEREUX Paul and DEVEREUX Charla, *The Lucid Dreaming Book, How to awake within, control and use your dreams*, Boston, Tokio, Journey Editions, 1998.

[xxx] SALVATGE Geneviève, *Décodez vos rêves*, Paris, Presses Pocket, 1992, p. 20-21 and 34-35.

[xxxi] Laboratoria DEVA, P.P. 3, 38880 Autran; Dr Edward BACH Centre Mount Vernon, Wallingford, Oxon OX10-OPZ. In de Verenigde Staten kunnen de Bach-bloesems gekocht worden in dieetwinkels. In Groot-Brittannië zijn ze makkelijk te vinden in drogisterijen, apotheken en zelfs op sommige vliegvelden. In Frankrijk kunt u ze vinden in winkels met dieetproducten en ze worden ook verkocht in gespecialiseerde winkels zoals Anthyllide, www.Anthyllide.com. Zie voor Nederland www.bachbloesemadvies.nl.

[xxxii] GARFIELD Patricia L., *Creative Dreaming*, Fireside, New York. Nederlandse versie: *Creatief Dromen*, uitgeverij het Spectrum, 2011

[xxxiii] Hervey de Saint Denys, *Les rêves et les Moyens de les Diriger*, *Observations pratiques*, Edition intégrale, Buenos Books International, Paris, p. 121. Voor Nederlandstalige versie: http://www.carolusdenblanken.nl

[xxxiv] Over het algemeen moet rekening gehouden worden met een jaar voor de minst getalenteerde mensen.
[xxxv] *Cf.* p. 38, over de techniek van het interview van Gale Delanay.
[xxxvi] Moss Robert, *Dreamsgate, op. cit.*, p. 42.
[xxxvii] Bijvoorbeeld: Chevalier Jean, Gheerbrant Alain, *Dictionnaire des Symboles*, Laffont, Jupiter, collection Bouquins, Paris, 1982.
[xxxviii] Deze ontdekking is onthuld in een werk getiteld : *De oplossingen van het oude Romeinse recht voor de moderne juridische problemen* verschenen bij uitgeverij Buenos Books International.

www.ingramcontent.com/pod-product-compliance
Lightning Source LLC
Chambersburg PA
CBHW032127090426
42743CB00007B/499